Aus dem Leben eines Priesters

Von Dr. Ferdinand Herbst
dem Verfasser der Schrift:
„Die Kirche und ihre Gegner."

*Cogitavi vias meas et converti pedes meos
in testimonia tua.*

PS. CXVIII,59

Augsburg, 1842.

Mit einer Einleitung neu herausgegeben
von Dieter Müller

Impressum

Bibliografische Information der Deutschen
Nationalbibliothek: Die Deutsche Nationalbibliothek
verzeichnet diese Publikation in der Deutschen
Nationalbibliografie; detaillierte bibliografische Daten sind
im Internet über dnb.dnb.de abrufbar.

© 2021 Ferdinand Herbst
Herstellung und Verlag: BoD – Books on Demand,
Norderstedt
ISBN: 978-3-7543-0221-7

Inhaltsverzeichnis

Teil I.

Ferdinand Ignaz Herbst
Aus dem Leben eines
Priesters

1. Einleitung des Herausgebers

Ferdinand Herbst gehört zu den Konvertiten, die Aufsehen erregten, weil sie ihren Konfessionswechsel als Theologen theologisch begründeten und diese Begründung veröffentlichten. Ferdinand Herbst war der Bruder der Großmutter meines Großvaters väterlicherseits, gehörte also zu meiner historisch tieferen Familie vor vier Generationen. Es war aber nicht die intensiv betriebene Familienforschung, die mich auf ihn aufmerksam machte; mein Blick fiel auf ihn in einem Antiquariat, in dem ich neugierig einen Band mit Jugenderinnerungen Karl von Hases in die Hand nahm. Karl Hase, einer der prominentisten Kirchenhistoriker des 19. Jahrhunderts – Goethe hatte an dessen Berufung nach Jena mitgewirkt –, war Urgroßvater Dietrich Bonhoffers, also der Neugierde würdig. Beim Blättern in Hases autobiographischen Skizzen stolperte ich über dessen Geständnis: „Als ich auf das Gymnasium kam, ziemlich schwach im Griechischen, wurde mir ein älterer Schüler derselben Klasse, Ferdinand Herbst, zugewiesen, mir fortzuhelfen. Er hat mich redlich decliniren und conjugiren lassen, darüber sind wir gute Freunde geworden." Neugierig geworden, begann ich zu recherchieren, und schnell enthüllte sich mir eine hoch interessante Persönlichkeit aus der ersten Hälfte des 19. Jahrhunderts: Freund Karl Hases, gut begabt, hervorragend gebildet, Gründungsmitglied der Deutschen Burschenschaft, Theologe, Philosoph, Schriftsteller, Journalist, Zuchthäusler, Konvertit, Priester. Und irgendwie über mehrere Generationen hinweg mit mir verwandt. Genug, dachte ich, um länger hinzusehen.

Ich entdeckte einen jugendlichen Zeitgenossen der Leipziger Völkerschlacht, ergriffen von begeisterter Sehnsucht nach einem in Freiheit vereinigten deutschen Vaterland; einen aus der Geborgenheit des leidenschaftlich ergriffenen Kinderglaubens herausgefallenen philosophischen Gottsucher; einen in der Kraft sich ergänzender Freundschaft durch Irrungen und Wirrungen gereiften Mann; einen Priester, der bekannte: „Mein Herz war unruhig, bis daß es ruhte in dir, o Gott." Und ich fand es lohnend, dieses in der ersten Hälfte des 19. Jahrhunderts, im „Vormärz", im „Biedermeier" und in der „Romantik" geformte Lebensbild nachzuzeichnen.[1] Eine wichtige Quelle für den Weg zum katholischen Priesteramt sind diese reflektierenden Erinnerungen aus der ersten Hälfte seines Lebens, die Ferdinand Herbst 1842 – acht Jahre nach seiner Konversion und 21 Jahre vor seinem Tod – veröffentlichte. Er versteht sie als Glauben förderndes Zeugnis, nämlich „es möchte für die Gläubigen nützlich und heilsam seyn, zu sehen, wie Gott eine in mancherlei Widerstreit und Verwirrung ringende Seele zur Ruhe gebracht und mit seinem Throste erquickt hat."

Ferdinand Herbst skizziert in persönlicher Ergriffenheit „die große Sache des katholischen Glaubens, vor deren welt-

---

[1] Eine umfassende Biographie steht kurz vor der Vollendung.

historischer Macht alles Persönliche gern in den Hintergrund tritt," wie er schreibt. Er zeigt bewegend, wie ihn die Macht eines sakramentalisierten Lebens mit der Eucharistie, dem Heiligen Abendmahl, als Versöhnung schenkendem Höhepunkt geistlich-leiblichen Lebens, ergriffen hat. Ich finde als lutherischer Theologe dieses Lob katholischen Glaubens in unserer Zeit, in der die Katholische Kirche, weil sie als eine Kirche der mißbrauchenden Sünder erscheint, in tiefer Anfechtung gebrochen wirkt, durchaus lesenswert. Ferdinand Herbst weiß, daß er in eine Kirche von Sündern gewechselt ist, deren Heiligkeit allein darin besteht, daß Christus – wahrer Gott – sie als seinen Leib geschaffen hat. Hier macht der als Kind tief im Glauben Luthers verwurzelt gewesene Christ verstehbar, was Luther ehrfürchtig noch gelebt hatte und der Idealismus der Aufklärung uns genommen hat: die geheiligte Leibhaftigkeit des Glaubens an den wahren Gott, der in Maria Fleisch, also wahrer Mensch, wurde. Dieser Gott gestaltet seinen geschichtlichen Leib, die Kirche, durch die Sakramente leibhaftig.

Orthographie und Stil habe ich unberührt gelassen. Dies bewahrt etwas vom originalen Geschmack des Büchleins aus dem 19. Jh.

Erklärende Anmerkungen, die ich hinzugefügt habe, sind durch „Hg." gekennzeichnet. Die Seitennummern des Originals habe ich in eckigen Klammern [ ] eingefügt.

Dr. theol. Dieter Müller

2. Erstes Kapitel.

Die Bekehrung.

„Niemand erröthe beschämt oder zitternd, von sich selbst zu schreiben – – mit nichts ist der Menschheit mehr gedient, als mit aufrichtigen Selbstbekenntnissen;" ich meine diese Worte irgend wo in Herders Schriften gelesen zu haben. Wohl kamen sie mir schon damals in Erinnerung, als ich die Schrift verfasste: „die Kirche und ihre Gegner in den drei letzten Jahrhunderten." (Landshut 1833. Verlag der Krüll'schen Universitätsbuchhandlung.) Ich war versucht, die eigentliche Geschichte meiner Conversion zu geben, und gab sie doch nicht, einmal, weil es mir zusagte, die gnadenvolle Führung Gottes, deren ich mir bewußt war, als ein Geheimnis meines Lebens zu verschließen, sodann, weil die Sache, mit der ich es nun hielt, mir schon in ihrer Allgemeinheit überreichen Stoff darbot. Es war die große Sache des katholischen Glaubens, vor deren welthistorischer Macht alles Persönliche gern in den Hintergrund tritt. Nachdem ich nun dieselbe Jahre lang auf mich habe wirken lassen, bin ich entschlossen, den der eben angeführten Bekenntnißschrift fehlenden Theil – die Geschichte meiner Conversion selbst – nachzuholen. Ich habe mich dazu entschließen [2] können, in der Meinung, es möchte für die Gläubigen nützlich und heilsam seyn, zu sehen, wie Gott eine in mancherlei Widerstreit und Verwirrung ringende Seele zur Ruhe gebracht und mit seinem Throste erquickt hat. Da mein Bekenntniß des katholischen Glaubens mit meiner ganzen Lebenserfahrung zusammen hängt, so erzähle ich zunächst Einiges aus meinem früheren Leben.

Mein Geburtsort ist der Marktflecken Meuselwitz im Herzogthum Altenburg in Sachsen. Dort haben die Freiherrn von Seckendorf, zu denen der berühmte Feldmarschall von Seckendorf und, in naher Linie, der bekannte Verfasser des Werkes *de Lutheranismo* gehört, ihre Erblehen- und Gerichtsherrschaft. Mein Vater war daselbst Zeugfabrikant, ein von Gefreundten und Nachbarn geehrter Mann, der den Segen, so auf bürgerlichen Tugenden ruht, wohl erfahren hat. Die Mutter war ihm gleich an guter Gesinnung und betriebsamen Wesen, doch, der Natur ihres Geschlechtes gemäß, weniger ernst und streng, wenn es galt Fehler zu rügen oder Vergehen zu bestrafen. Beide waren Zöglinge des Luthertums in seiner ältern, vielfach ehrwürdigen Form, und hielten daher fest am geschriebenen Wort der Offenbarung und heiligten Gott den Herrn in ihrem Herzen (1.Petr.3,15). Sonntags nach Tische versammelte der Hausvater alle die Seinen, Kinder, Gesinde und Gesellen um sich her zur Andacht; erst wurde ein Lied gesungen, dann ließ er von einem seiner Kinder das treffende Evangelium lesen, über welches er, nicht ohne Gewandtheit katechisirte; den Schluß machte wiederum ein gemeinschaftlich gesungenes Lied. So wurde es auch in mehrern andern Familien des Orts gehalten, und ich [3] erinnere mich noch heute gerne daran, wie erbaulich es war, aus der Nachbarschaft Gesang zu vernehmen, während der Vater, wie ein Priester seines Hauses, das Evangelium auslegte und Gebete extemporirte. Ein anderer wohlhabender Fabrikant des Ortes hielt noch eigens des Abends eine Betstunde für die heranwachsende Jugend. Er ließ den Gesang mit Orgeltönen begleiten, las irgend etwas Erbauliches laut vor, und vertheilte oft kleine Bücherchen, die er von den Herrnhutern bezog, zu denen er sich hielt.

So war ich als Knabe in eine Umgebung versetzt, in welcher es sich bald entscheiden mußte, ob Elemente der Frömmigkeit in mir vorhanden wären und auf Ausbildung Anspruch machten. Und in der That, die ersten Gefühle, die in mir erwachten, waren Sehnsucht nach dem Unendlichen, Verlangen nach dem Unsichtbaren. Sobald ich lesen konnte, suchte ich, mit Erbauungsbüchern in der Hand, einsame Plätze im Freien, und betete da mit großer Innigkeit. Zu Hause hing ich mir oft ein Stück Zeug um die Schulter, um ein priesterliches Aussehen zu bekommen, und predigte, auf einen Schemel mich stellend, den arbeitenden Gesellen, wobei zuletzt irgend ein Aufgebot vermeintlicher Brautleute nicht vergessen ward. Kaum zwölf Jahre alt, bildete ich einen Kreis von Schulknaben um mich her, mit denen ich ein Buch las, welches den Titel führte: Betrachtungen über das wahre Christenthum.

Ich hatte in meiner Kindheit viele Krankheiten zu bestehen; besonders gefährlich war ein anhaltender Bluthusten. Handarbeiten, zu denen sonst der Vater uns anzuhalten [4] pflegte, mußte ich daher möglichst meiden. Da ging ich denn an schönen Frühlings- oder Sommertagen hinaus auf die Wiesen, oder auf die Raine der Saatfelder, um mir heilende Kräuter zu suchen. Und wenn ich da mit meiner kranken Brust einsam unter Bäumen und Gräsern saß, da fing ich an die Macht und Güte des Schöpfers zu preisen; und der Gott, zu dem ich betete, tröstete und stärkte mich wunderbar.

Vom Studiren, wozu ich große Neigung hatte, rieth mein Vater ab, weil er gerade damals, als es die rechte Zeit gewesen wäre, damit anzufangen, große Verluste in seinem Geschäfte erlitten hatte[1], so daß er fürchtete, er werde die Kosten des Studirens nicht decken können. Wie er aber sah, daß ich, auch, nachdem ich darein gewilligt hatte, ein Handwerker zu werden, doch lateinisch lernte, und überhaupt lieber mit Büchern als mit Handwerkszeug umging; da meinte er als ein verständiger Mann, er dürfe mir nichts zumuthen, was vielleicht meine Bestimmung nicht wäre.

Einst, als ich mit ihm an einem schönen Morgen über Land ging, stimmte er, nach seiner Gewohnheit, ein altes gutes Lied an. Die Sonne blickte durch die frischbethauten Bäume des Forstes, in den der Weg uns geführt hatte, und der Himmel, der über den grünen Wipfeln im reinsten Blau sich wölbte, zog seinen Blick zu den Höhen, von wo uns Hilfe kommt. Er sprach heiter und mit Wärme von der Güte Gottes, die sich

[1]Dieß fiel in die Zeit der napoleonischen Kriege, deren Schauplatz zum Theil Sachsen war.

8

so herrlich in seiner Schöpfung offenbart, und mochte dabei daran erinnert werden, daß der Mensch in eben [5] dieser Güte gleichsam versehen und versichert sey, und daß es nichts bedürfe, als eines vertrauensvollen Anfangs im Namen Gottes, um etwas durchzuführen, dessen Ausgang man nicht in seiner Gewalt hat. „Mein Sohn", sprach er, „ich glaube doch, du möchtest gern studirn." Als ich dies bejahte, fuhr er fort: „Nun, so soll es denn in Gottes Namen gewagt werden."

Hatte ich schon vorher Theil genommen an dem Unterrichte, den der *Pastor loci* seinen eigenen Kindern gab, so wurde nun derselbe um so fleißiger benutzt. Dieser Pastor war ein humaner lieber Mann. Zu Sittlichkeit und gemüthlicher Religiosität zu bilden, war er ganz geeignet; aber mehr der neuern rationalistischen Richtung sich anschließend, führte er seine Schüler nicht in die dogmatische Tiefe des christlichen Glaubens ein. Er sprach mit Salbung von Christus als unserm Vorbild, aber weniger von Seiner Gottheit und Seinem Hohenpriesteramte; er pries das Abendmahl als Gedächtnismahl Seiner Liebe, vermied aber die mystischen Beziehungen Seines Opfertodes. Dennoch feierte ich mein erstes Abendmahl, als hätte ich vollständigen Unterricht darüber genossen. Wie soll ich mir das erklären? Ich schreibe es den Worten der Heiligen Schrift zu, die ich als Knabe fast auswendig wußte, und deren andächtige Lesung für mich über allen Unterricht hinaus von Gott gesegnet war. Auf diese Erfahrung gestützt, bekenne ich, daß die Protestanten durch die Bibel, wenn sie im Glauben an Christus gelesen wird, ein geheimes Band mit der katholischen Kirche haben, und bin überzeugt, daß diejenigen, die von diesem Bande gehalten werden, auch an der von Christus verheißenen Seligkeit participiren. Obgleich protestantisch unterrichtet, [6] war ich damals, ohne es zu wissen, kryptokatholisch; mein Glaube war *Fides impliciata.*

Ich hatte bereits das dreizehnte Jahr zurückgelegt, als ich auf dem Gymnasium zu Altenburg aufgenommen wurde. An der Spitze desselben stand der berühmte Philolog Matthiä. Dankbar gedenke ich der Verdienste, die sich dieser Mann, in dessen Hause ich wohnte, um meine Bildung erworben hat. Es war nichts Pedantisches, nichts Illiberales an ihm; Humanität war sein Wesen; aber vom positiven Christenthum wurde er wenig berührt. Daher geschah auch nicht genug für religiöse Erbauung und Erziehung, und bald vermißte ich in dieser Hinsicht den Segen des väterlichen Hauses. Ich hatte mich früher in frommen Uebungen, so gut ich's eben verstand, auf das heilige Abendmahl vorbereitet, und wenn der Gesang ertönte: Schaffe in mir, o Gott, ein reines Herz etc. etc. in allem Ernste mich gedemüthigt vor dem Allerbarmer, und daher das Wehen seines Geistes wohl empfunden. Jetzt sah ich alles, zum Theil wenigstens, anders behandelt; es erfolgten auch andere Wirkungen. Wir Gymnasiasten hatten bei der gesetzlich verordneten vierteljährigen Communion zwischen drei oder vier Beichtvätern zu wählen; aber was war das für eine Beichte! Ich erinnere mich, wie wir einmal, dreißig oder vierzig, in eine ziemlich enge Sacristey getrieben wurden; wir standen Mann an Mann, Einer drängte, zupfte, stieß den Andern; vorn, saß, den Hintenstehenden nicht sichtbar, der

10

sogenannte Beichtvater und hielt einen uns langweilig scheinenden Sermon. Wir waren froh, als es zu den Schlußworten
kam: „Kraft meines Amtes verkündige ich euch Vergebung
eurer Sünden"; aber nicht als fühlten [7] wir uns frei gesprochen, sondern weil nun eben der Sermon zu Ende war.²

Je weniger Nahrung mein mir eingepflanzter frommer Sinn
fand, desto mächtiger wirkten die großen Ereignisse jener
Tage auf mich ein. Das erste Mal, daß ich gewahr wurde,
es gebe außer dem bürgerlichen Stillleben etwas Welthistorisches, war, mehrere Jahre früher, bei der Schlacht bei Jena.
Damals legte ich mich im Freien auf die vom Donner der Kanonen dröhnende Erde, um die neue Entdeckung auf mich
wirken zu lassen, und als ich bald darauf die ersten Franzosen sah, war es mir, als hätte ich Menschen aus einer andern
Welt gesehen. Jetzt aber drängten sich auf einmal Erscheinungen um mich her, die ganz geeignet waren, die Jugendliche
Phantasie gewaltig einzunehmen. Dies war die Zeit der Leipziger Völkerschlacht. Ganz Altenburg war, weit um her, in
ein Lager verwandelt. Die Schulen mußten geschlossen werden, alle gewöhnlichen Lebensverhältnisse waren aufgelöst.
Da sang man Freiheitslieder, da hatten Alle, Jung und Alt, nur
einen Wunsch, den heißen Wunsch der Befreiung Deutschlands. Und als die große Schlacht nun geschlagen war, und

---

²Wolfg. Menzel hat sich in seinem Literaturblatt gelegentlich auf die Liederlichkeit der katholischen Sündenvergebung bezogen, um die Reformation zu rechtfertigen. Der Leser mag selbst urtheilen, ob eine Liederlichkeit in der Weise, wie sie in dem eben angeführten Fall vorgekommen, in der katholischen Beichte auch nur möglich ist.

die Stadt wimmelte von Verwundeten, war noch lange nicht
an ein Zurückkehren in die alte Ordnung zu denken. Jene Tage waren es, wo Körners Lieder das lutherische Gesangbuch
aus meinem Herzen [8] verdrängten; wäre ich doch selbst,
wenn meine Jahre und Kräfte es erlaubt hätten, gern mit gezogen in den Kampf der Ehre. Alljährlich wurde nun unter
Sang Klang bei lodernden Freudenfeuern der entscheidende Tag begangen, und dem Vaterlande, als dem Theuersten
im Menschenleben, gehuldigt. Wie sehr die Gemüther der
deutschen Jünglinge von neuen Ideen bewegt seyen, verriet
sich bald auch in der ganzen äußeren Erscheinung, in Klei-
dung und Geberde. Alles Ausländische und Luxuriöse war
verpönt, deutsche Einfachheit galt für das allein Lobenswert-
he; der s. g. deutsche Rock und schlichtes langes Haar kam
an die Tagesordnung, und in kräftigen Leibesübungen suchte man zu erstarken zum Dienste des Vaterlandes. Einen neu-
en Schwung erhielt die Idee vaterländischer Bildung, als die
Kunde von dem berüchtigten Wartburgfeste an uns gelangte. Die dort geschehenen Schritte, so vermessen sie zum Theil
waren, wurden bewundert; die dort gehaltenen Reden, wenn
gleich die Ausgeburt der Schwärmerei, begierig verschlungen. Auf mich wirkte das alles umso leichter, da es sich mir
im Scheine einer gewissen Religiosität insinuirte. Dieselben
Burschen, welche „die unsaubern Bücher" verbrannt und dafür die Geister der im teutoburger Walde Schlafenden her-
aufbeschworen hatten, sie hatten auch die Communion empfangen, und einer der theilnehmenden Professoren von Jena hatte in der Rede, die er gehalten, sogar Stellen aus dem
Propheten Jesajas benutzt, um die blutrothe Farbe der mo-

dernen Freiheit zu empfehlen. Dennoch, so sehr durch diese und ähnliche Ereignisse der Blick nach außen gezogen wurde, kehrte ich allmählich wieder zu meinem Herzen zurück, obgleich nicht mehr in der [9] kindlich frommen Weise früherer Tage.

Für das, was in der katholischen Kirche die Gewissenserforschung ist, hatte ich schon vor allen diesen Ereignissen, ein Surrogat gefunden, indem ich mich über meine inneren Zustände in einem Tagebuch verbreitete. Hierin sprach sich offenbar ein Bedürfniß geistlicher Führung aus. Da aber dafür in der protestantischen Gemeinschaft nichts geschieht, suchte ich mir selbst zu helfen durch schriftliche Confessionen. Dieses Mittel gab ich auch jetzt nicht auf; doch wählte ich eine allgemeinere, den zeitherigen Einwirkungen entsprechendere, und zugleich sie zu beherrschen strebende Form. Ich fing an, über größere Abschnitte meines Lebens zu schreiben unter dem Titel: **„Mein Schutzgeist, oder Blicke in, um und über mich. Ein Denkmal geweihter Stunden"**, und nahm zum Motto das Schiller'sche Distichon:

> Was der Gott mir gelehrt, was mir durch's Leben geholfen,
> Häng' ich dankbar und fromm hier in dem Heiligthum auf.

Ich bin noch im Besitze der Blätter, die ich damals im Jahr 1817, im vorletzten Jahre meiner Gymnasialstudien, zu schreiben begann, und theile daraus das Vorwort mit.

„Um Licht und Ordnung in das Chaos meines Innern zu

bringen", heißt es dort, „hielt ich es für gut, ein psycholo-
gisches Tagebuch zu führen. Ich verfolgte die Regungen des
Gemüthes, und die Richtungen des Geistes, so gut ich konnte, und dachte immer dabei: prüfe Alles und das Gute be-
halte! Das muß doch wohl der rechte Weg zur Selbsterkenntniß und zur Annäherung an die reine Menschennatur seyn?
So scheint es. Indem ich ihm aber zu sehr die Form frommer Confession [10] gab, ging es mir wie dem großen Hal-
ler, der, als er auf ähnliche Weise Ruhe und Gleichgewicht in
sein Inneres bringen wollte, zuletzt den gottesgelehrten Heß
um Rat fragte, wie er Ruhe fände für seine geängstete Seele.
Und kann dies anders kommen? Herder hat mir vor allen anderen hierüber die Augen geöffnet. Da gewöhnlicherweise in
diesen Tagebüchern, sagt derselbe, ein Tag oder eine Stunde
vom Ganzen abgerissen und dergestalt für das ganze Leben
genommen werden, als ob mit ihnen der Strom der Zeit still
stände, und sich dieser Zustand, wie er unläugbar aus andern fließt, nicht auch in andern verlöre, so wird nothwendig die Seele auf eine widernatürliche Weise verenget und
beängstigt. Wie ist es auch möglich, in Stunden, wo das Gefühl die freie Reflexion gefangen hält, und der Sinn benebelt
ist, ein vielfaches Gemisch von äußern und innern Zustän-
den zu zersetzen, oder ein feines Gewebe von Ursachen und
Wirkungen zu zergliedern? Man wende nicht ein: in Stunden,
wo man viel erfährt und tief empfindet, muß man am tiefsten
aus dem Innern schöpfen können. Wer im Strom aus der Tiefe
schöpfen will, den reißt die Strömung leicht mit sich fort; wer
im Sturme den Meeresgrund erforschen will, wird leicht ein
Spiel der Wellen werden. Oder wie geht es uns, wenn wir aus

einem interessanten Traum erwachen? Wir halten die Bilder
der Imagination fest, wünschen fort zu träumen, und träumen auch fort. So sind wir oft ein Spiel mit uns selbst, „ein
Traum der Träume"; und wird unser Inneres schnell bewegt,
uns selbst ein Wunder. Wer sich daher nur in sympathisiren-
den Herzensergießungen und frommen Confessionen gefällt,
der wird ein sehr zerstückeltes Menschengebilde [11] entwer-
fen, und am Ende selbst im kränkelnden Zustand am besten
gefallen. – Herders Ideen haben mich schon manchmal auf
das Rechte gebracht. Er räth mir in seinem 38. Briefe zur Be-
förderung der Humanität, fleißig mit mir selbst zu Rathe zu
gehen, fleißig mit mir selbst, mit meinem Schutzgeiste, oder
unserer Seele zu dialogiren, ohne bei diesen Dialogen an Welt
und Nachwelt zu denken. Je treuer wir dabei es mit uns selbst
meinen, je mehr wir wirklich dabei aus Ursachen aufgeklärt
werden wollen, und zu tüchtigen Zwecken hinarbeiten; desto weniger werden wir uns in Reden ergießen, desto stiller
werden wir für uns lernen. – Ich nannte die Person, fährt Herder fort, mit der wir uns hier unterreden müssen, uns selbst
oder unseren Schutzgeist; denn was ist dieser anders, als die
reine abgezogene Idee von unserem ganzen Selbst, die mit
uns geht, und die uns gleichsam zu unserem Schutz begleitet? Um nicht schlechter zu werden, müssen wir immer besser zu werden streben: deswegen begleitet uns dieser glänzende Traum von uns selbst, das Aggregat unserer geheimen
Kräfte, Anstrengungen und Wünsche; erinnert uns an das,
was wir vergaßen, Gelübde, Hoffnungen, Ahnungen unserer
unerfahrenen Jugendseele, und er muntert uns dadurch auf,
und bringt uns weiter. Von ihm können wir erfahren, warum

wir das noch nicht sind, was wir werden wollten; er wird uns auch weder Lehre noch Aufmunterung versagen, wie wir es etwa noch werden mögen. Unsere Geburtstage, Tage des Glückes oder anderer Erinnerungen sonderbarer Zufälle unsers vergangenen Lebens sind seine Feste; oft aber läßt sich seine Stimme auch unvermuthet und am liebsten in der pythagoreischen Stunde bei Nacht, in stiller Einsamkeit, hören.

[12] Er dictirt zwar nicht zum Nachschreiben, und sieht in seinen Antworten nicht darauf, wie sie sich gedruckt am besten ausnehmen würden; sein Wort aber theilet Seele und Leib, Mark und Bein; ein Richter der Gedanken und Sinne des Herzens. – Diese schon früher in mir rege gewordenen und jetzt von Herdern noch mehr geweckten Ideen will ich nun festhalten. Erhebung zu rein menschlicher Bildung sey der Zweck meines Strebens, die innere Gotteskraft und der reine Wille mein leitender Genius. Er verläßt den Menschen nicht, wenn der Mensch nicht ihn verläßt; aber er geht nur den Weg der Vernunft, und fordert ein reines Interesse an der Menschheit. An jedem Morgen weckt er uns mit dem Zuruf: erwache zum Werke der Menschheit! Und wahrlich, in diesem Gedanken liegt für mich alles Erfreuliche und Gute. Erwache zum Werke der Menschheit! Halte die Ideen der Menschheit fest, und trage sie in's Leben über! Welches sind diese Ideen? Der Genius spricht: was die Vernunft schafft, das verwirkliche der Verstand im Leben! Drum ist es nöthig, daß man zuerst in seinem Inneren auf's Reine komme, und dann mit geläutertem geistigen Auge die Außenwelt messe, und sein Verhältnis zu ihr bestimme. Wie ich dies gethan und durch Bildung des Geistes und Veredlung des Herzens zum Menschen

16

ward, soll diese Schrift zeigen." Die Stunden, die ich so meinem Genius widmete, waren nicht ohne still wirkenden, für
mein damaliges Alter selbst weit sich verbreitenden Segen.
Ich fing an, für menschliches Wissen und Können mich allseitiger zu interessiren, als es in so jungen Jahren gewöhnlich zu
sein pflegt; die besten Dichter befruchteten meine Phantasie
[13], Musik belebte meine Gefühle, ideales Freundschaftsleben nährte den Frohsinn; und wenn ich in schönen Sommerabenden nach einem heitern Ausfluge heimgekehrt war auf
mein Studirzimmer, dann währte oft das dialogiren mit meinem Schutzgeist noch bis Mitternacht. Doch so durchgreifend
war die Wirkung dieser pythagoreischen Stunden nicht, daß
sich nicht allmählig jene falsche Genialität meiner bemächtigt
hätte, in welcher sich Jünglinge von strebendem Geiste nur
allzu leicht gefallen, wenn ihrer Subjectivität zu freier Spielraum gelassen ist. Im Streben, mir innerlich meine Welt zu
bilden, zerfiel ich mit der Außenwelt, ja ich verachtete zuletzt
alle äußern Schranken; die Schularbeiten kamen mir meist pedantisch vor; Jugendstreiche aller Art wurden mit unglaublicher Keckheit ausgeführt. Niemand warnte, niemand leitete
mich; und wenn ich dann noch über dem Zwiespalt zwischen
der In – und Außenwelt nicht unterging, so verdanke ich das
der Haltbarkeit der Grundlage, die ich in meiner Kindheit gewonnen.

Zwei gleich gesinnte Freunde standen mir zur Seite, Jünglinge von größeren Geistesgaben, als ich selbst hatte; die
durch ihre Lebhaftigkeit und Genialität mich aus einem gewissen träumerischen Wesen weckten, zu dem ich mich hinneigte, und an meinem Hervortreten „auf den Markt des

Lebens" nicht geringen Antheil gewannen. Einer von ihnen, Robert M., ist leider ein Opfer der Bewegung geworden, die in unserer Zeit viele edle Jünglinge mit Gott und der Welt entzweit und hinausgeworfen hat in die Wüste eines abenteuerlichen Treibens, daß sie das Wehe, welches Hamlet über die ruft, so geboren zu seyn glaubten, eine aus den Angeln gehobene [14] Welt wieder einzurichten, in seiner ganzen Bitterkeit empfinden mußten. Der andere, Karl H., ist gegenwärtig ein im protestantischen Deutschland gefeierter Universitätslehrer. Wir drei bildeten auf dem Gymnasium ein eigenes Triumvirat jugendlichen Freundschaftslebens. Einst, als wir zusammen am Abhange eines Wiesengrundes saßen, kam uns der Gedanke, hier unserer Freundschaft ein Denkmal zu setzen in einer Rasenbank. Flugs wurden alle dazu nöthigen Werkzeuge herbeigeschafft, und der Bau begann. Daß dieses auf fremdem Grund und Boden geschah, kümmerte uns nicht; es war an jenem Plätzchen gut seyn, darum meinten wir, uns auch eine Hütte daselbst bauen zu dürfen. Wir arbeiteten die ganze Nacht hindurch, und als das Werk, da der Morgen graute, fertig war, weihten wir es ein mit Gesang und Rede.

An diesem, in Erlengebüsch sich bergenden Plätzchen verlebte ich so manche glückliche Stunde. Hierher flüchtete ich, wenn mir eine Arbeit gelingen sollte, oder wenn ich ungestört über mich und das Leben Betrachtungen anstellte, gute Vorsätze fassen und Ruhe in meinem Inneren schaffen wollte; und nie entließ mich der geweihte Ort, ohne mich befriedigt, und mit mir und der Welt versöhnt zu haben. Den starken Buschästen, die unsere Rasenbank beschatteten, gruben

18

wir die Ideen ein, die uns beseelten: Gott, Freiheit, Vaterland;
Licht, Wahrheit, Liebe, und zur Bezeichnung unserer Namen:
Fides Constantia Robur. Wir pflanzten auch Blumen am rieseln-
den Bach um unser Heiligthum her, und ehrten es, als wäre es
unser Orakel. Was ich dort in einsamen Stunden gedacht, trug
ich gewöhnlich zu Hause in mein Tagebuch ein. Welcher Art
damals mein Denken war, mögen folgende Proben bezeugen.
[15]

Im Sommer d. J. 1817

„Ich beneide die Griechen nicht um das Lispeln in Dodonas
Eichen, seitdem ich ein Plätzchen im Freien habe, wo ich die
Orakel der Natur befragen, und der Stimme Gottes im Men-
schenherzen lauschen darf. Wenn es nur so ruhig in mir wäre,
wie es dort im stillen Thale ist! Wenn es mir nur gegeben wäre
beständig zu seyn! Der Jüngling, der eben anfängt, sich seine
Welt zu schaffen, wem soll ich ihn vergleichen? Er kommt
mir vor wie ein Schiffer, der im Begriff ist, die Anker zu lich-
ten; schon sieht er im Geiste die Küste jenes schönern Landes
dämmern, das ihn aufnehmen soll; aber nicht vertraut mit
den stürmischen Bewegungen des Meeres wird er eine Zeit
lang hin- und her geworfen, sich seinem Ziele bald nähernd,
bald sich entfernend von demselben. Hat er sich aber einmal in der Karte der Vernunft orientirt und in festem Willen
seinen Compaß gefunden, wohl ihm! dann wird die Flagge
der Freiheit auf seinem Schiffe wehen; Sturm und Ungewitter
trotzend, wird er frei in den Hafen seiner Bestimmung ein-
laufen."

„Die schwächsten Menschen, sagt Johannes Müller, sind
gewöhnlich auch die schlechtesten. Wer sich täglich stärkt,
wird groß, ein würdig Bild des Urschöpfers. – Ich habe sehr
Ursache, mir fleißig diesen Gedanken vorzuhalten; denn ich
fühle wohl, welch ein schwaches und gebrechliches Ding das
menschliche Herz ist. Die Freunde kommen mir zu Hülfe in
dem Bestreben stark zu werden in mir selbst, und doch auch
hindern sie mich wieder, da sie mich in so manche Thorheit
hineinziehen, die mich hinterher beunruhigt. Ich sehe die Zeit
kommen, wo ich [16] ganz auf mich zurückgeführt seyn werde, und was mir dann im Innersten der Seele aufgeht, daran
will ich halten, als an dem theuersten Besitzthum.

Am 18. October 1817

„Zwei Ritter – Brüder waren es – zogen hinaus in den deutschen Kaiserkrieg. In einem Walde unter Sturm und Donner
herumirrend, stießen sie endlich auf ein einsames Schloß. Sie
traten ein und fanden die gastlichste Aufnahme bei einem
holden Weibe. Als nun diese der eine von den Rittern am
mondumschimmerten Teiche traf, schwur er ihr ewige Liebe.
Das Weib zerbrach einen goldenen Ring und gab ihm die
Hälfte als Brautbewerber, wenn er heimkehrte. Und als sie
um Mitternacht einsam in ihrem Gemache saß, da stürzt der
andere Ritter herein und schwört ihr gleichermaßen ewige
Liebe; ihm gibt sie die zweite Hälfte des Ringes als Brautbewerber, wenn er heimkehrte. Als nun die Brüder am Morgen
von dannen zogen, pries einer dem andern sein Glück und

zeigten sich die halben Ringe. Da füllte Ingrimm ihre Herzen; in unseliger Entzweiung zogen sie auseinander, jeder zu einem andern Kaiser. Auf dem Schlachtfelde trafen sie sich wieder und – hefteten sich gegenseitig an die Speere. Erst als sie nebeneinander in ihres Vaters Blute lagen, erkannten sie das gräßliche Geschick; sie fügten die zerbrochenen Ringe in einer Hand zusammen – und verschieden."

Es muss wohl etwas in meiner Seele liegen, was da macht, daß diese Geschichte, die ich in diesen Tagen gelesen, mich fortwährend beschäftigt. Wer ist das Weib mit dem zerbrochenen und buhlerisch vertheilten Brautring? Ist es nicht Deutschland, das sich theilt in Nord und Süd [17] und wie in politischer Polygamie lebt? In den Schlachten, die wir geschlagen haben, sind alle, aus Nord und Süd, brüderlich vereint gewesen. Aber wird nicht eine Zeit kommen, wo sie wieder feindlich auseinandergehen? Was wird dann aus ihnen werden? Was aus dem Weibe, das für mehr als einen Bewerber einen Mahlschatz hat? Doch vielleicht hat der gebrochene, zwiefach vertheilte Ring eine tiefere und ehrenvollere Bedeutung, als ich jetzt zu fassen im Stande bin. Genug, ich habe meinem Vaterlande Liebe und Treue geschworen, und werde den Schwur halten, auf die Gefahr hin, daß mich einst ein feindlicher Bruder an den Speer heftet. Was wir verloren, müssen wir gewinnen; was wir gewonnen, müssen wir wahren, unbekümmert um unser eigen Schicksal, wie der Dichter uns ermuntert:

„... Wir wollen halten und dauern,

Fest uns halten, und fest der schönen Güter Besitzthum.
Denn der Mensch, der zur schwankenden Zeit auch schwankend gesinnt ist,
Der vermehrt das Uebel und breitet es weiter und weiter;
Aber wer fest auf dem Sinne beharrt, der bildet die Welt sich."

So geartet und gesinnt, verließ ich das Gymnasium, nachdem ich nicht nur in den Klassikern der alten Sprachen mich eingeübt, sondern auch die besten deutschen Schriftsteller fleißig gelesen hatte. Ich ging zunächst nach Leipzig, um unter Herrmann, Spohn und Andern meine philologischen Studien fortzusetzen, und in den Hörsälen Krugs u. A. meine Vorliebe für Philosophie zu befriedigen. Schon auf dem Gymnasium hatte uns Matthiä einigermaßen in die philosophischen Wissenschaften eingeführt; ich freute mich, nun Alles in weiterm Kreise kennen zu lernen. Allein Krug war nicht der Mann, mich [18] einzunehmen und zu begeistern. Wie seine Vorträge, so erregten mir seine Schriften allmählich Langeweile. Ich hätte gern aus frischer Quelle den Durst gestillt; er aber handelte, als fragte ich danach, was das Wasser alles für Räder treibe. Ich hätte gern nährendes Brod genossen, er aber zeigte mir nur, was man zum Essen für Werkzeuge braucht. Da ich nun doch einmal von der Philosophie alles Heil erwartete, so ging ich zu Ostern 1819 nach Jena, wo Fries und Luden bei dem jungen Deutschland in großem Ansehen standen. Ich hörte alles, was diese Männer lasen, und stimmte mit ein in die Bewunderung, die ihnen gezollt wurde. Zwar regte sich in mir bisweilen ein geheimes Mißtrauen gegen ihre Doctrinen, aber es wurde mit Gewalt nieder gehalten, denn in der öffentlichen Meinung gehörten sie zu den ersten Sprechern Deutschlands. Vom Geiste der Zeit getrieben kam es mir auf ein umfassenderes Studium der Staatswissenschaften an; ich hörte daher Politik bei Luden und bei Fries. Ersterer behandelte diesen Gegenstand in der Weise, daß er zunächst das Ideal aller Staatsverfassung aufstellte, dann den Widerspruch desselben in der Wirklichkeit aufzeigte, und zuletzt nachwies, wie Ideal und Wirklichkeit zu versöhnen seyen. So wenig eine solche Eintheilung zu einer Staatswissenschaftslehre führen mag, die auf philosophische Geltung Anspruch machen darf, so war doch Luden im Einzelnen ebenso unterrichtend, als anregend. Nicht so Fries, der im Grunde alles in falsche Gesichtspunkte zog. Dieser abenteuerliche Denker hatte sich eine Ansicht vom ästhetischen Staatsleben gebildet, von der er wie besessen war. Er hatte dabei das öffentliche Leben der Griechen vor Augen. Dieses, entkleidet [19] von allem Mythologischen, dagegen geschmückt mit vaterländischen Festen und Künsten, und im Dienste der Gerechtigkeit zu einem Cultus des gemeinen Besten sich gestaltend: das war die *Politia*, über welche dieser Mann ein ganzes Semester lang zu reden wußte. Ein einziger Zug aus seinen Vorträgen wird genügen, um diesen Politiker, und mit ihm die damalige Zeit zu charakterisiren. Da, wo er von Geistesbildung, und insbesondere von der Volksbildung sprach, sagte er unter Anderm: „die theologische Facultät unsrer Hohen Schulen möchte wohl einen falschen Namen führen, und zum Theil einen falschen Geschäftskreis erwählt haben. Ist nicht ihre Aufgabe eigentlich Volksunterricht, Volkserziehung? sollte sie nicht die demagogische oder pädagogische Facultät heißen?" Das sagte er aber nicht, wie man meinen wird, zum Scherz, sondern mit dem ganzen Ernste eines deutschthümlichen Reformators.

Ohne philosophische und historische Studien aufzugeben, wendete ich mich doch allmählich der Theologie zu. Da hörte ich denn unter Anderm Kirchengeschichte bei einem noch jungen, aber seiner originellen Ansichten wegen gefeierten Manne, bei dem Professor Dr. August Kestner. Er hatte eben die Entdeckung gemacht, daß das Christenthum am Ende des ersten Jahrhunderts sich zu einem geheimen Bunde gestaltete, dessen Zweck viel weniger ein religiöser, als ein politischer war, nemlich der, eine allgemeine Revolution gegen das römische Reich herbeizuführen. Agape hieß ihm dieser geheime Christenbund, als Stifter desselben nannte er Clemens den Römer. Er sprach von einer Bundesconstitution, einem Präsidentenstuhl, einem Geheim-Briefe-Comptoir, einer Schriftenfabrik [20], einer Interpolationsmaschine, und was dergleichen Unsinn mehr ist. Später wurde aus diesem geheimen Bunde, dessen Bestehen allein, wie er wähnte, die Verfolgung der Christen erklärlich macht, mehr zufällig die katholische Kirche. Aber der alte Liebesbund setzte sich im Geheimen fort, z. B. In Baucorporationen, im Tempelherrnorden, in den Wiedertäufern, und wird in unserer Zeit als freigläubige, unbejochte, cultuslose Kirche das herbe Geschick versöhnen, daß das, was man anfangs nur als Mittel gebrauchte, den Bund nach allen Seiten hin wirksam zu machen, nämlich Priesterthum und Mysteriencultus, über ein Jahrtausend sich fest setzen konnte. Diesen Wahnwitz mit deutscher Gelehrsamkeit zu belegen, studirte sich Kestner im eigentlichen Sinne zu Tode. Ich habe selbst in Jena seine Leiche mit bestatten helfen.[3] Der Begriff der Kirche, der mir so vom Catheder herab als der Alles erklärende angepriesen wurde, paßte trefflich zu dem Begriff des Staates, wie ihn Fries entwickelt hatte. Auch er verwandelte Alles in leidige Bundesideen; auch ihm waren die Staaten etwas Anderes geworden, als sie seyn sollten, und von den bestehenden Confessionen zumal sagte er entschieden: sie taugen [21] alle nichts, denn alle sind vom finstern Geiste der Hierarchie inficirt. Dem Einflusse solcher Lehrerin mich hingebend, studirte ich nun Theologie, ohne Interesse für irgendeine Confession. Daher wünschte ich mir, die theologische Facultät wäre, wenn auch nicht, wie Fries wollte, die demagogische, doch die positiv-philosophische. Da sie das aber nicht war, es sey denn, daß man den seichten Rationalismus der damaligen Theologen Philosophie nennen wollte; so sah ich mich bald nach einer neuen Schule um. Ich ging nach Erlangen, wo Schelling, nach langem Schweigen, wieder seinen Mund aufgethan hatte. Von ihm hatte mir Fries das ungünstigste Vorurtheil erweckt. Doch kaum, daß ich etwas von ihm gelesen, kam mir der berühmte Mann

---

[3]Dieser beklagenswerthe Schwärmer hat seine Entdeckung veröffentlicht in der Schrift: die Agape, oder der geheime Weltbund der Christen, von Klemens in Rom unter Domitians Regierung gestiftet, dargestellt von *Dr.* August Kestner. Jena bei Aug. Schmid, 1819. – Welch herrliche Einheit der Universität Jena! Ein Professor der Philosophie meinte, die theologische Fakultät sollte eigentlich die demagogische heißen. Ein Professor der Theologie lehrte, die Kirche sey ein demagogischer Bund gewesen. Die Studenten aber bildeten damals wirklich einen demagogischen Bund.

nicht mehr aus dem Sinne, und ihn zu hören, war fortan mein Lieblingswunsch. Was mich zunächst für ihn einnahm, war die Gediegenheit seiner Sprache. Dazu kam, daß die Rede ging, er habe infolge jahrelangen Forschens sein System geändert, ja auf dem Grunde der Offenbarung dasselbe ganz neu erbaut. Dies war genug, mich anzuziehen, denn um alles Christenthum hatte mich die jenaische Schule doch nicht gebracht. Ich ging also erwartungsvoll nach Erlangen. Schelling hielt damals nur einen kleinen Cyklus von Vorlesungen, aber auch die wenigen reichten hin, mich allmählich in Tiefen einzuführen, die ich in der Mühlradsbewegung des friesischen Gedankenlaufs kaum gestreift hatte. Zwar erfolgte noch keine durchgreifende Wirkung, aber der Sinn für das Positive fand Nahrung, und das eben war es, dessen ich bedurfte: ich wurde fast unvermerkt wieder christlich gesinnt. Wohltätigen, still sich geltend machenden Einfluß [22] übte in dieser Hinsicht auch Schubert auf mich aus; gern gedenke ich noch der Stunden, die er einem vertrauteren Kreise junger Freunde widmete.

Umgeben von trauten Jugendgenossen, schrieb ich dort unter den Blüthenbäumen des s. g. Welsgartens eine Schrift, welche das treue Bild meiner damaligen Schwärmereien war. „Ideale und Irrthümer des akademischen Lebens", ist ihr Titel. Ich erwähne dieser Schrift nur, um ein schickliches Wort über das damalige Treiben auf Universitäten zu sagen. Man hat einen falschen Begriff davon, wenn man sich dasselbe nur als demagogischen Unfug denkt. Interesse für Wissenschaft, keusche Sitte, edle Freundschaft: diese und ähnliche

Tugenden waren damals mehr als je auf Universitäten ein-
heimisch; aber mit Uebergewalt von den Ereignissen der Zeit
ergriffen, schwärmte die studirende Jugend in Idealen, deren
Realisierung selbst wenn sie wünschenswerth gewesen wäre,
notwendig an der Macht der Verhältnisse scheitern mußte. Es waren dies die Ideale eines unzersplitterten deutschen
Volksthums. Vorher gegangen waren die Befreiungskriege, an
denen viele Studirende theilgenommen hatten. Das eiserne
Kreuz auf der Brust wieder eintretend in die Reihen der Studirenden, gerirten sich diese natürlich als Männer, die in den
öffentlichen Angelegenheiten Deutschlands mitzureden hätten, und man duldete ihr Thun, solange das Hochgefühl über
die Befreiung Deutschlands durch alle Stände frisch hindurch
wirkte, und das vaterländische Leben unter den „deutschen
Burschen" den Anschein von Unschuld hatte. Als dieser mit
dem Morde Kotzebue's geschwunden war, und die Regierun-
gen gegen den herrschend gewordenen Geist [23] der Jugend
einzuschreiten begannen, verwandelte sich die öffentliche
Bewegung in eine geheime, und da erst fing sie an staatsge-
fährlich zu werden. Es folgten unabhängig von dem, was auf
deutschen Universitäten geschah, die Revolutionen in Italien,
in Spanien; in Frankreich erwartete man ein gleiches; da war
es denn so unwahrscheinlich nicht, daß auch Deutschland,
zum Theil wenigstens, in die allgemeine revolutionäre Bewegung mit hineingezogen würde. Nicht um eine Revolution
mit Gewalt herbeizuführen, sondern um die für unvermeid-
lich gehaltene zu beherrschen und Ihren Erfolg zu sichern,
traten damals viele zu einem geheimen Bunde zusammen,
der, wie man meinte, mit einem weitverzweigten Bunde ein-

flußreicher Männer zusammen hing. Ueber die Verbündeten ist später ein schweres Gericht ergangen; es ward erfüllet das Wort des Dichters:

Die blut'ge Lehre, die wir Andern geben,
Fällt gern zurück auf des Erfinders Haupt,
Und die gleichmessende Gerechtigkeit
Zwingt uns den eigenen Giftkelch auszutrinken.

Ehe dies geschah, suchte ich zu warnen vor geheimen Umtrieben, ohne daß öffentliche Bekenntniß vaterländischer Ideen aufzugeben. So entstand die oben angeführte Schrift. Die schwärmerische Erwartung neuer Zustände, die declamatorische Sprache der Schwärmerei, und was sonst damals Krankhaftes sich hervorgethan, findet sich in dieser Schrift wieder, wie wohl auch der Anhauch eines bessern Geistes sich mit durchzieht. Ich bedaure, dem Irrthum mit der Zeit das Wort geführt zu haben; doch half es mir denselben überwinden, daß ich ihn einmal unumwunden ausgesprochen hatte. Sollte aber irgendeiner [24] meiner Coätanen sich damit brüsten, daß er vor solchen Veränderungen sich zu bewahren gewußt, so möchte ich ihm etwas zu Gemüthe führen, was jedenfalls des Nachdenkens werth ist. Es ist nämlich, was die klugen Leute sagen, so grundlos nicht gesagt, daß jeder Mensch seinen Preis habe, um den er sich hingebe; eben so seine schwache Seite, die ihn nach Zeit und Umständen, nicht bloß zu Verirrungen, selbst zu Verbrechen dahinreißt. Der Mensch, der heute noch unsträflich den Weg des Rechts geht, kann morgen, schuld- und fluchbeladen, die Rachegeister wecken;

28

denn unser Gutseyn ist so negativer Art, daß wir im Grunde nur darum gut heißen, weil wir noch kein Verbrechen begangen haben. Darum rühme sich Niemand **seiner** Stärke oder **seiner** Weisheit, selbst wenn es ihm gegeben war, sich auf der Bahn des Rechts und der Gerechtigkeit zu halten. Aber vielleicht hattest du für etwas Anderes deinen Preis; vielleicht gehörst du nur darum nicht zu den von „der gleichmessenden Gerechtigkeit" Ereilten, weil du Götzen fröhnest, für welche sie unmittelbar kein Schwert hat, ohne daß es dir darum erlassen wäre, den eigenen Giftkelch auszutrinken. Euch gegenüber, die ihr ob eurer Nüchternheit voll Rühmens seyd, schäme ich mich meiner Verirrungen nicht.

Ich weilte, nachdem ich Erlangen verlassen, erst in Augsburg als Lehrer und Erzieher in einem mir theuer gewordenen Hause, dann unter Verhältnissen, die hier keiner Erwähnung bedürfen, in meiner Heimath, wo ich mich der Theilnahme vieler guten Menschen erfreute, als die Kunde an mich gelangte, König Ludwig I. habe München, diese Stadt der schönen Künste, nun auch zum Hauptsitz [25] der Wissenschaften in seinem Reiche erhoben durch Verlegung der Universität von Landshut nach München. Die berühmtesten Lehrer seyen gewonnen; alles verspreche für wissenschaftliches Leben große Erfolge. Dies brachte den schon früher genährten Vorsatz in mir zur Reife, im Süden Deutschlands die Stelle zu suchen, von wo aus ich zur Ehre Gottes und zum Nutzen der Brüder Einiges wirken könnte. Wie magisch gezogen eilte ich nach München. Eben trat hier, kaum daß ich angekommen, Schelling wieder in jugendlicher Frische auf. Ich hörte ihn neuerdings, und noch einmal hoffte ich das Heil in der Philosophie zu finden. Wie er jetzt auf mich wirkte, mag folgendes Gedicht bezeugen, welches ich nach seinen ersten Vorträgen über das System der „Weltalter" niederschrieb.

„Ach, daß er käme, der Meister, des weisheitathmende Rede
Niederschlüge den Qualm eitler sophistischer Kunst,
Daß frei würde der Brunnen des Heils im Reiche des Wissens,
und ein labender Trunk stillte für immer den Durst!" –
So sprach Mancher verlassen hinwandelnd die Pfade des Lebens,
Wahrend mit Liebe das Bild eines befreiten Geschlechtes.
Einsam weilet indeß in der Wüste der Zeiten der Seher,
Rückwärts schauend und und ernst vorwärts gerichtet den Blick.
Unter Systemengetrümmer in heiliger Stille befragt er
Kühn das Orakel der Welt, forscht in den Tiefen der Brust.
Jahrelang hat er geschwiegen, gerungen im Feuer des Geistes,
Bis der Erkenntnis Gold reiner sein Eifer gewann.
Da steht kräftig er auf, ein Seraph rührt ihm die Lippen,
Und das belebende Wort führet den Morgen herauf.
Sprecher der Zeit, sey gegrüßt! Weltweisheit lehrst du mit Tiefsinn,
Und mit christlichem Geist strebst du zum Himmel empor.
Einsam bist du nicht länger, es brennt in den Herzen der Jünger,
Wenn aufschlagend das Buch deiner Gedanken du sprichst.
Siehe, sie denken an Sais; der Inschrift heilig Geheimniß
Deutest du göttlicher Mann, dem vor der Welt nie gegraust.
Morgenhauch weht wieder im Blüthenbaume des Wissens,

Und wer dürstet, dem fließt frischer der labende Quell.

[26] So dichtete ich, als Schelling in seiner ernsten bered-
ten Weise große Erwartungen erregte. Mit ungetheilter Auf-
merksamkeit ihm folgend, versetzte ich mich in den Zusammenhang der neuen philosophischen Systeme; ich erkannte
ihre Schwäche wie ihre Stärke, ihre Einseitigkeit wie ihre
nach Herrschaft des Gedankens ringende Beweglichkeit. Ich
ließ mich an die Quellen des theogonischen Processes führen, ohne welchen das Heidenthum ein mit sieben Siegeln
verschlossenes Buch ist, und ging den ungeheuern Erscheinungen der polytheistischen Religionen verwundert nach.
Wohl hatte ich in diesem Gebiete schon manche Studien gemacht; aber erst durch Schelling gewann ich tiefere Einsicht,
weitere Ausbreitung in demselben, und nie werde ich gering
von einem Manne denken, aus dessen Munde ich das Beste
vernommen, was im Fach der Philosophie auf Universitäten
zeither gelehrt worden. Auch möchte ich keinen Vorwurf gegen ihn erheben, daß mir doch zuletzt der Baum des Wissens
die gereifte Frucht nicht trug, die ich erwartet hatte; was er
der Macht des Irrthums abgerungen, ist bedeutend genug,
um den Dank der Mit- und Nachwelt zu verdienen. Dagegen
nehme ich auch die Humanität in Anspruch, mit der man
einem jeden gestatten soll, von neuem auf Befriedigung aus-
zugehen, wenn er sich darin getäuscht sieht, die ihn haltende
und tragende Macht gefunden zu haben; daß diese für mich
Philosophie allein nicht sey, war mir klar geworden, als ich
mich wieder praktisch in den positiven Gehalt der Offenbarung zu vertiefen begonnen hatte. In meiner Seele lag von

jeher ein Zug nach kirchlicher Gemeinschaft, und nichts als
Selbsttäuschung war es, wenn ich [27] meinte, durch Philosophie derselben überhoben zu seyn. Nun hatte ich aber
die Zucht- und Haltlosigkeit, die im protestantischen Aller-
leihause herrscht, in ihrem ganzen Umfange erfahren; ich
wollte Prediger werden, und doch geschah für meine Erziehung zum Predigeramte weiter nichts, als daß man mir
sagte: du sollst die vorgeschriebenen theologischen Colle-
gia hören; ich hörte diese und wurde durch die, welche ich
zu hören angewiesen war, um alles gebracht, was Theologie
genannt zu werden verdient; ich sollte durch eine Prüfung
mich zur geistlichen Candidatur befähigen, und doch gab
es keine Weihe zum Geistlichen, und also auch keine eigentliche geistliche Bevollmächtigung; hier hätte man mir
lutherisch-orthodoxe, dort wegscheiderisch-rationalistische,
anderwärts wieder waisenhäusisch-pietistische Fragen gestellt – was Wunder, wenn ich mich gar nicht fragen ließ?
Unter dessen hatte ich mir die evangelische Freiheit genommen, die Scheidewand niederzureißen, welche mir die
Schriftgelehrten gegen die katholische Kirche gesetzt hatten.
War ich schon durch meine philosophische Richtung geneigt,
hierin gerecht zu seyn, so erwachte bald eine entschiedene
Vorliebe für das Katholische in mir, als ich anfing, mit alten
Erbauungsschriften, z. B. mit der Nachfolge Christi, der Messe beizuwohnen. Da kam der Geist des Betens, um den mich
die Philosophie gebracht hatte, wieder über mich, da konnte
ich meine Sünden beweinen, da fühlte ich das Wehen des All-
liebenden wieder, des Gottes, der meine Jugend erfreut hatte. *Cantabiles mihi erant justificationes tuae in loco peregrinationis*

meae: oft wenn ich in den Tagszeiten an diese Stelle komme, tritt mir unwillkührlich das Bild [28] jener Zeit vor die Seele, wo ich in einem besondern Sinne *in loco peregrinationis* war, und nur die Stunden der Andacht, die ich bei St. Michael oder bei U. L. Frau feierte, mich erhoben und erquickten. War ich einmal stiller Theilnehmer der katholischen Messe, so studirte ich sie natürlich auch in ihren einzelnen Theilen. Da fand ich denn, daß der protestantische Gottesdienst, wie er in meiner Heimath bestand, nichts als Bruchstücke der katholischen Messe seyen. Nie hatte ich in meinem Religionsunterricht ein Wort über den Cultus gehört. Ich wußte nur, was in der Kirche geschah: nämlich, daß erst die Gemeinde ein Lied singt, welches dem Kyrie eleison entspricht, daß dann der Diakon die Epistel verliest, hierauf, wenn abermal ein Lied gesungen worden, das Evangelium, daß nun die Gemeinde den Glauben *(Credo)* singt, worauf die Predigt folgt, daß endlich die Communion die ganze Handlung beschließt. Woher das Alles stamme, und warum es so sey, lernte ich jetzt in der katholischen Messe näher kennen. Aber fragte ich mich nun, warum nur Bruchstücke, und nicht lieber das Ganze? Der Vorwurf der Protestanten, daß die Katholiken in der Messe eine Art Götzendienst treiben, konnte für mich kein Gewicht haben, da ich wußte, daß nichts als der wesentlich gegenwärtige Gott hier Gegenstand der Verehrung sey. Dagegen war gerade der substantielle Gehalt und die geschichtliche Bedeutung des katholischen Cultus das mir Zusagende, das mich Befriedigende.

Die katholische Messe, sagte ich mir schon damals, ist der Canon alles Gottesdienstes. Hier hat die Kirche ihren ganzen Geist erschöpft, um den Gottesdienst zum Kunstwerk zu gestalten. Wenn der [29] Priester zum Altare seines Gottes tritt, mit Kraft zum Gebete, dann schlagen alle Herzen in einer großen Empfindung zusammen. Kyrie eleison! Ist der Ausdruck für diese Empfindung; denn aller Gottesdienst beginnt mit dem lebendigen Gefühle der menschlichen Schwäche und Sündhaftigkeit, mit dem innigen Bedürfnis der göttlichen Erbarmung. Ein Kyrie stammelten auch, doch in meist verworrenen Tönen, die Völker des Alterthums; denn der ursprünglich dem göttlichen Lichte offene Sinn lag im Chaos einer verhängnisvollen Sprach- und Bilderverwirrung vergraben, und nur ein magisches Sternenlicht fiel in die lange Winternacht der alten Götterwelt. Als aber wenigstens ein Volk, wunderbar geführt, den prophetischen Blick ausschließlich auf die Zukunft richtete, da stimmte am Ende Alles zum Eintritte eines großen Wendepunktes zusammen. Ahndung, Verkündigung: das ist der Charakter des Zeitalters, in welchem die Sonne der Gerechtigkeit über die Völker der Erde aufgehen sollte. Wie in die Zeit der Erwartung, da vieler Augen aufgethan wurden, ist der Andächtige versetzt, wenn vom hohen Chore das Kyrie ertönt. Sein Flehen um Erbarmung wird zur Gewißheit. Der Heiland ist geboren – Gloria in excelsis Deo! – Wie schön und wahr ist dieser Gegensatz, das Kyrie im ersten und das Gloria im zweiten Theile der Messe. Was erst Flehen um Erbarmung war, ist nun Lobgesang, ist Friedenswort und Freudenruf aus der Höhe. Was als Gebet des Christen Seele bewegt, ist nichts Unbestimmtes, nichts in dunklen Gefühlen Schwankendes – es beruht auf der positivsten Lehre, die je in die Herzen der Menschen geschrieben

worden ist. Als Lehrer der [30] Menschen begann Christus
sein Erlösungswerk, und wo er sprach und Glauben fand,
da bewegten sich überirdische Kräfte. „Unser Glaube ist der
Sieg, der die Welt überwunden hat." Diesen Glauben wört-
lich zu bekennen, hat die Kirche mit Recht zur Bedingung
gemacht, das hochheilige Opfer würdig darzubringen, den
Leib des Herrn würdig zu empfangen. Diese Bedingung wird
im Credo erfüllt, welches das apostolische Glaubensbekenntniß ist. Der lebendige Glaube ist wunderthätig, ein transmun-
daner Act wie Novalis sagt. In Symbolen und Gebeten fort-
schreitend, bereitet nun der Priester einen solchen Act vor.
Inniger verbindet er sich jetzt mit der gesammelten Gemeinde, heißer und erhabener werden die Gebete, die unter Weih-
rauch aufsteigen, dem Herrn ein süßer Geruch. – Wie Christus unter dem Jubelruf: Hosanna in der Höhe! in Jerusalem
einzog, so sind nun die Herzen der Gläubigen unter eben diesem Gesang nur ihm geöffnet, daß er einziehe als ihr Heiland
und Friedensfürst. *Sursum corda*; ruft darum der Priester der
Gemeinde zu, und sie antwortet: *Habemus ad Dominum*. Denn
mit den Opfergaben haben die Gläubigen sich selbst zum Opfer bereitet, daß alles Unlautere an ihnen verzehrt werde in
den Flammen der göttlichen Liebe, und was etwa Gutes an
ihnen ist, höheren Segens gewürdigt werde. In dem Verlangen nach Erhebung und Verklärung, wovon in diesem heiligen Momente das Herz der Gläubigen voll ist, steht keiner
mehr für sich allein; es ist die Gemeinschaft der Gläubigen,
die im Hosannaruf des *Sanctus* dem Hocherhabenen huldigt,
von dessen Herrlichkeit Himmel und Erde voll sind; es ist,
als wollte sich die streitende Kirche zur triumphierenden er-

weitern. – [31] Nach dem seraphischen Lobgesang des *Sanctus* und *Benedictus* verrichtet der Priester die heilige Handlung, welche der Mittelpunkt dieses ganzen Cultus ist. Wer, wenn er mit Herz und Sinn, mit Geist und Gemüth bei dieser Handlung ist, wird nicht vom heiligsten Schauer der Andacht durchdrungen, wenn des Ministranten Glöcklein die Gegenwart des Leibes und Blutes Jesu Christi verkündigt! „Oh Jesu, Dein bin ich, Dir lebe, Dir sterb' ich!" ruft jeder dem Herrn entgegen, indem er an seine Brust schlägt. – Endlich folgt die Communion. In die letzten Lebensmomente des Heilands vertieft, ist nun des Gläubigen Seele lauter Gebet in mystischer Vereinigung. *Agnus dei, qui tollis peccata mundi, miserere nobis – dona nobis pacem*: schön und rührend bezeichnet dieser Gesang des Herzens tiefe Empfindung, und drückt zugleich die Erfüllung des verlangenden Eleison aus, womit die ganze heilige Handlung begann.[4]

Wie ich die einzelnen Theile der Messe in diesem Zusammenhang kennen lernte, war es mehr als hätte ich eine neue Welt entdeckt. Hier weben symbolische Kräfte, sagte ich mir; hier regt sich der Geist des Herrn in lebensvollem Organismus. So wird die heilige Geschichte Gebet, Gebet Geschichte; und das eben ist der Charakter des wahren Cultus. Hier allein ist auch ächte Kirchenmusik möglich, und die Kunst der Malerei im rechten Dienste. Es gilt die große Realität des Opfertodes Jesu Christi, das Welt gestaltende, himmelschaffende Erlösungswerk in allen Formen der Sprache, deren Ausdruck das [32] Wort allein nicht erschöpft, in den Moment der Zeit

---

[4]Zu weiterer Ausführung s. die Kirche und ihre Gegner etc. S. 51ff.

treten zu lassen. In Handlung, Wort, Ton und Bild zugleich wird die Kirche selbst zum Kunstwerk, und in dieser Objectivität vollkommen sättigend für ihre Bekenner.

Die stille Theilnahme an der Messe weckte mir allmählich Hunger und Durst nach den Sacramenten, und damit war in meiner Entwicklung zum katholischen Bekenntniß jedenfalls ein bedeutender Fortschritt geschehen. Erst hatte ich zwischen Katholicismus und Protestantismus einen sogenannten höhern Standpunkt einnehmen wollen, und darüber alles Interesse für Sacramente und saramentalische Handlungen verloren. Dann merkte ich, daß ich bei dieser Halbheit auf dem Wege sey, ein Heuchler zu werden, denn es gehört offenbar die ganze Sophisterei des Hochmuths dazu, sowohl um einen solchen Standpunkt zu behaupten, als auch um ihn zu rechtfertigen. Jetzt aber brannte mir das Herz, wenn ich die Worte hörte: *Domine non sum dignus* etc., und doch konnte ich noch keinen festen Entschluß fassen. *Optas summo repleri bono, sed non potes hoc assequi modo... Consolatio tibi interdum dabitur, sed copiosa satietas non concedetur*[5]: so sprach damals der Herr zu mir, wenn ich mich ohne feste Entscheidung seinen Altären näherte. Es war nämlich in meiner Seele ein Aufruhr ausgebrochen, der erst beschwichtigt werden mußte, ehe ich den Leib des Herrn zu empfangen gewürdigt werden konnte. Nur darüber war ich einig mit mir selbst, daß die protestantische Communion für mich ohne Segen sey. „Du hast dich in mancherlei Richtungen [33] versucht, ohne ein sicheres Ziel zu er-

---

[5]De imitat. Chr. L. III. c. XLIX.

reichen; hast oft schon gemeint, das Rechte ergriffen zu haben, und dann doch bekennen müssen, daß du im Irrthum warst. Bald war es eine religiöse Idee, bald eine politische Tendenz, bald ein philosophisches System, worin du Befriedigung finden zu können wähntest. Wie? wenn nun deine Neigung zum katholischen Glauben auch nur etwas wäre, was du später als Irrthum verwerfen müßtest"? So sprach ich manchmal zu mir selbst, als ich anfing, ans Convertiren zu denken. Aber eben diese Täuschungen sagte ich mir dagegen, sind ein Beweis, daß du noch etwas finden mußt, wobei stehen zu bleiben ist. Im Irrthum gelebt zu haben, als ob er die Wahrheit wäre, ist verzeihlich, wenn man wirklich die Wahrheit gewollt und gesucht hat. Vielleicht sind alle deine bisherigen Versuche nur krankhafte Entwicklungen nach dem Ziele, das dir jetzt in der Gemeinschaft der Heiligen winkt, daß deine Seele auf ewig gesunde. „Ferner, fürchtest du dich nicht der Sünde, undankbar zu seyn gegen den Vater, der dich zeugte; gegen die Mutter, die dich liebend unter ihrem Herzen trug; gegen die Freunde, die auf deine Treue bauten? Handelst du nicht wie ein Schwärmer, wenn du die zarten Bande, womit du an einzelne Menschen gebunden bist, gewaltsam durchschneidest"? Dagegen: Es gibt Handlungen, welche für diejenigen, die den Zusammenhang nicht durchschauen, in welchem sie geschehen, nothwendig den Schein des Unsittlichen haben. So die Handlungen, durch welche offenbar wird, daß tausend Verhältnisse, durch die man hindurch geht, nur dazu dienen mußten, die Kluft auszufüllen, die sich zwischen meinem falschen und meinem wahren Ich aufgethan. Zudem, ich will mich ja von Niemanden trennen,

38

der das rechte Herz für mich behält. Was insbesondere meine
guten Eltern betrifft, so war ich Ihnen als Protestant untreu
und undankbar geworden; sie hatten mich im Glauben an
Christus, wie das alte Lutherthum ihn bewahrt, erzogen; ich
aber hatte mich von vermessenen Philosophen und Politikern
um diesen Glauben bringen lassen. Denselben Glauben war
ich mir gewiß in der katholischen Kirche wieder zu finden;
wie könnte nun mein Eintritt in diese Kirche Undank gegen
meinen Vater seyn, dessen Vater ja auch vor Zeiten katholisch gewesen. Endlich, „du siehst jetzt, weil sehnsuchtsvoll
aus der Ferne, Alles im schönsten Licht; anders wird dir vielleicht Manches erscheinen, wenn du das katholische Leben
im Detail kennen lernst. Trotz dem Großartigen der katholischen Kirche in ihrer Idee, wie in ihren Institutionen, könnte
es ja doch wahr sein, was die Protestanten zu sagen wissen
von tiefer Versunkenheit in das Äußerliche von todter Werk-
heiligkeit, von Fessellung des freien Geistes. Gesetzt es wäre so, würde dir der Anblick davon, ohne helfen zu können,
nicht am Ende unausstehlich werden? Auf der andern Seite
ist's ja möglich, daß über kurz oder lang eine Krisis eintrete,
welche für das christliche Leben die wohlthätigsten Folgen
nach sich zieht. Gott hat die Glaubensspaltung zugelassen; er
wird sie auch zum Besten seines Reiches zu lenken und aus-
zugleichen wissen. Wär's nicht vernünftiger, inmitten derer,
an welche du durch Geburt und Lebensverhältnisse gewiesen bist, dahin zu wirken, daß der Wille Gottes in dieser Hinsicht geschehe"? — Was den ersten Theil dieser Einrede betrifft, so erwiderte ich mir: Jede Idee wird in ihrer zeitlichen
Erscheinung getrübt und zum Theil in's Gemeine herabge-

zogen. Ist Äußerlichkeit und geistloses, unfreies Wesen der Charakter der katholischen Kirche, so müßte man sich freilich ihrer schämen, findet aber dergleichen nur statt in Folge von Mißbrauch und Entartung, so hat man keinen Grund, sich von ihr auszuschließen; denn Alles wird mißbraucht, das Heiligste am meisten. Das Zweite anbelangend, daß protestantischerseits ein Wendepunkt zu erwarten sey der zu befriedigenderen Resultaten führen würde, so hatte ich in diesem Sinne zu wirken gesucht. Ich berufe mich auf das im Jahre 1830 bei Ambrosius Barth in Leipzig erschienene Werk: Bibliothek christlicher Denker etc. etc. Meine Absicht bei Herausgabe dieses Werkes war, den Männern ein Denkmal zu setzen, die als Bekämpfer des modernen Unglaubens in dem positiven Gehalte des Christenthums zugleich die Lichtpunkte für die philosophische Speculation erkannt hatten. Das Manuscript zum zweiten Bande remittirte der Verleger mit dem Bemerken, das Werk finde im protestantischen Deutschland zu wenig Abnehmer, mehr Zug hätte es nach dem katholischen Süden; dort würde ich auch für die Fortsetzung leicht eine Verlagshandlung finden. Dasselbe Resultat ergab sich mir aus den öffentlichen Anzeigen, welche katholischerseits anerkennend und ermunternd, protestantischerseits untheilnehmend, selbst absprechend waren. Dies nahm ich mit Recht als Erfahrungsbeweis, daß ich mit meiner Wirksamkeit mehr der katholischen, als der protestantischen Gemeinschaft angehöre, und wurde so in der Hoffnung, dort in den rechten Zusammenhang mit Gott und der Menschheit zu treten, nicht wenig bestärkt.

Durch Rede und Gegenrede im Innersten meines Wesens

ward ich in Kämpfe verwickelt, in denen sich ein verzehrendes Unglücksgefühl meiner bemächtigte, dergestalt, daß ich nichts Tüchtiges mehr thun konnte. Wie ich nun eines Abends ganz mit den Gefühlen eines Excommunicirten durch die Straßen Münchens ging, kam ich, ohne es gesucht zu haben, vor die Frauenkirche. Ich sah die Fenster beleuchtet, und trat ein. Vom Chor – ich weiß heute noch nicht, wie um diese Zeit Musik dort sein konnte – ertönte eben das Kyrie eleison, an den Altären knieten hie und da einsame Beter; auch ich warf mich vor einem derselben nieder, und rief unter Thränen zu Gott um Erbarmen, um Ruhe für meine geängstigte Seele. Da wurde mir auf unaussprechliche Weise klar, daß für mich nur Heil in der Kirche sey, daß ich auch öffentlich bekennen müsse, was innerlich bereits vollzogen war. Der Altar, an welchem dieß geschah, war, wie ich erst nachher merkte, der dem heiligen Benno geweihte, wo die Reliquien liegen. Ich verharrte noch einige Tage im Gebet und Nachdenken, dann meldete ich mich zur Aufnahme in die Gemeinschaft der Kirche.

„Denn auch deine Heiligen, die jetzt mit dir im Himmelreiche sich freuen, haben in großer Geduld, solange sie hier lebten, der Zukunft deiner Herrlichkeit geharret. Was sie geglaubt, das glaube ich; was sie gehofft, das hoffe auch ich; wohin sie gelangt, dahin getraue ich mir durch deine Gnade zu kommen."[6]

---

[6]Nachfolge Chr. K IV V XI

3. ZWEITES KAPITEL

Die Priesterweihe

Nicht das ist das Merkmal der Kirche, daß sie vernünftig, sondern daß sie heilig und allgemein sey. So wie man anfängt, ihre Lehren und Einrichtungen dem Richterspruch der Vernunft zu unterwerfen, hat man aufgehört ein gläubiger Christ zu seyn; denn glauben heißt vor allem, der Autorität sich unterwerfen und von ihr sich meistern und regieren lassen. Ist aber die Autorität eine gute, so werde ich nicht von ihr unterdrückt, indem ich mich ihr unterwerfe, vielmehr in ihr erhoben, indem sie mit ihrer Kraft in mir wirkt, aus ihrer Fülle sich mir mittheilt. Auf der einen Seite vertrauensvolle Hingabe, auf der andern gnadenreicher Einfluß, und in dieser Wechselbeziehung ein sich gleiches gottmenschliches Leben: das ist der Sinn des rechtfertigenden Glaubens in der katholischen Kirche, deren Autorität zunächst in der Person Christi selbst ruht. Er das Haupt, die Gläubigen die Glieder; beide vereint durch das Band der Liebe, die da ist das Band der Vollkommenheit: so schließt sich Alles zu heiliger Gemeinschaft zusammen, und wie er selbst der Gottmensch ist, so ist auch die Kirche, weil von ihm gestiftet und von seinem Geiste regiert, ein gottmenschliches Werk. Chri-

stus wollte eine sichtbare Kirche, sonst hätte er nicht zu Petrus sagen können: auf diesen Felsen will ich meine Kirche
bauen. Ist er doch selbst, obgleich von den Bauleuten verwor-
fen, zum Eckstein geworden; hat er doch selbst in der Nacht
des Leidens den Grund dazu gelegt. Christus wollte Organe
zur [38] Fortpflanzung seines Wortes, darum erwählte er sich
die Zwölfboten; er wollte Gefäße seiner Gnade, darum setzte er Sacramente ein. Nun hat sich, weil Er es so gewollt, der
heilige Bau seiner Kirche erhoben, unerschütterlich fest, dau-
ernd bis an das Ende der Zeiten; und weil er sich selbst zum
Wesen der Kirche gemacht, dergestalt, daß er organisch in ihr
fort wirkt, ist sein Leben in ihr zur Energie seiner Gegenwart
geworden. Ja wie die Messe die unblutige Wiederholung des
blutigen Opfertodes Christi ist, so ist die Kirche in ihren heiligen Zeiten die festliche Wiederholung des ganzen Lebens
Christi; und das muß sie seyn, wenn Christus fortwährend
in den Gläubigen Gestalt gewinnen, wenn er durch alle Zeiten und Völker hin, durchwirken soll. Damit aber der Gottmensch, mit seinem Leben, mit seinen Thaten, in der Kirche
durch alle Geschlechter der Menschen hindurchwirke, mußte auch seine Würde ihr repräsentativ werden, wie denn alle
auf Autorität beruhende Energie besonderer Organe bedarf,
die als Träger der Macht des Autors, ihn repräsentiren. Die
repräsentativ gewordene Würde Christi in der Kirche ist das
Priesterthum.

Der Mensch ist eigentlich von Anfang an Priester: Priester
der Natur, als welcher er von Gott eingesetzt war in die ursprünglich gute Schöpfung. Unter sich die niedere Ordnung
der Dinge, über sich die höhere, wie sie den Thron der Maje-

stät unmittelbar umschließt, sollte er zwischen beiden in die Mitte gestellt, die untere beherrschen, indem er sich der höhern unterwarf; die untere mit der höhern vermitteln, indem er jener das ungetrübte Ebenbild zu wendete, und sie im magischen Kreise seines heiligen Willens bannte und geheimnisvoll ihren Mangel [39] ergänzte. Um sich in dieser seiner Stellung mit Freiheit zu entscheiden, ward die Versuchung durch den gefallenen Geist von Gott zugelassen; und hätte er sich nach Gottes Willen entschieden, so wäre er in sein Priesteramt definitiv eingesetzt worden, und die ursprüngliche Ordnung der Dinge für immer gesichert gewesen. Er entschied sich anders, und damit kehrten sich alle Verhältnisse um. Statt zu segnen, hatte er den Fluch gebracht; statt selbst Priester zu seyn, bedurfte nun der Gefallene eines Priesters. Das verloren gegangene Priesteramt übernahm, als die Zeit erfüllt war, Christus, „der andere Adam". Gott und Mensch in einer Person, brachte er, als Hoherpriester seinem himmlischen Vater das Opfer der Gerechtigkeit, und den Menschen Erlösung von dem alten Fluche. Es war aber nicht die Absicht der Erlösung, und konnte es nicht seyn, daß die Menschheit wie im Nu hinüber gerückt werde in den Stand der Rechtfertigung. Wie die Menschwerdung Gottes ein Eingehen in den Organismus des Geschlechts der Menschen war, so kann sich auch die Göttlichwerdung der Menschheit, als Transformirung in das Göttliche, nur auf organischem Wege vollenden. Wohl war das Erlösungswerk mit dem Opfertode Christi, in seiner Allgemeinheit vollendet; aber es soll nun auch an jedem Einzelnen vollzogen werden. Wie ist dies möglich? Offenbar nur dadurch, daß Christus seine priesterliche Würde repräsentativ machte in seiner Kirche, d.h. durch Ausscheidung eines besondern Priesterstandes aus der unpriesterlich gewordenen Masse der Menschheit. Hierin liegt der Begriff der apostolischen Sendung. „Wie mich mein Vater gesendet hat, so sende ich euch" (Joh. 20,21), [40] so sprach Er zu seinen Jüngern, und „wer euch höret, der höret mich." (Luk. 10,16). Er sandte sie wie die Sonne ihre Strahlen, und die Völker harrten des Evangeliums, wie die Auen des Morgenlichtes. Damit er aber in Allem sein Haus wohl bestellte, gab er dem Felsenmanne, auf den er seine Kirche bauen wollte, die volle Schlüsselgewalt. „Ich will dir geben die Schlüssel des Himmelreichs. Was du bindest, was du lösest auf Erden, soll gleichermaßen gebunden oder gelöset seyn im Himmel." (Matth. 16,18.19): so sprach Er, dem alle Gewalt gegeben im Himmel und auf Erden, zu Petrus, dem feurigen Bekenner seiner Gottheit. Und damit ist ausgesprochen, daß die Kirche kein Gemeinplatz seyn soll, wo sich jeder nach seinem Gelüste tummeln dürfte. „Dir übertrage ich das Haushalteramt, daß du zuschließest und aufschließest, oder daß du die Kinder und Genossen dieses Hauses mir erziehest durch göttliche Zucht und Pflege, auf daß ich sie aus dem sichtbaren Hause hienieden aufnehmen möge in die ewigen Hütten"; dies ist der Sinn jener Uebergabe. Nachdem er so den Bau geordnet und das Hauswesen besorgt hatte, senkte er sich selbst zum Grund- und Eckstein ein; auf ihn wuchs dann der ganze Bau aus lebendigen Steinen zu einem Tempel in dem Herrn. Denn „Christus liebte die Kirche, und gab sich hin für sie, um sie zu heiligen, und durch das Wasserbad im Worte des Lebens zu reinigen, auf daß er sie sich selbst als eine herrliche

46

Kirche darstellte, die weder Flecken noch Runzeln hat." (Eph. 5,25-27).

So war der Grund gelegt, ausser welchem sich keiner legen läßt; so der Bau gesichert, der sich aus dem unscheinbarsten Anfang zum Himmel erhob. Im Priesterthum [41] setzt Christus als Menschensohn seine Würde fort. Was gehört dazu, um ein Träger solcher Würde zu werden? Offenbar vor allem die Gnade der Erwählung von Seiten Gottes, sodann ungetheilte Einwilligung in diese Gnade, und Wirken mit ihr, von Seiten des Menschen. Als der heilige Bernhard eine Braut Christi unterrichtete, gebrauchte er unter anderem die Wendung: *nisi enim prius quaesita non quaereres, sicut non eligeres nisi electa.*[1] Denn der Heilige wußte es wohl, daß wir, um Gottes Werk zu betreiben, nichts vermögen, wenn uns Gott nicht mit seiner Gnade zuvorkommt. So wenig wir Gott zu lieben im Stande wären, hätte er uns nicht zuvor geliebt; so wenig wir ihn zu erkennen vermöchten, wären wir nicht von ihm erkannt: eben so wenig können wir auf Gott wohlgefällige Weise seinen Dienst wählen, ohne daß wir von ihm erwählt sind. Wer aber wählet ohne Erwählung, der ist ein Dieb und Mörder; denn er stiehlt sich in das Heiligtum ein, um es zu mißbrauchen, obwohl es trotz diesem Mißbrauche immer das bleibt, was es wesentlich ist. Als Moses dem Volk Gottes zurief: „Gedenke daran und vergiß es nicht: den Herrn hast du heute erwählt, daß er dein Gott seyn soll; da setzte er auch als ergänzendes Glied hinzu: Und der Herr hat dich heute auser-

---

[1]Wärst Du nicht zuerst gesucht worden, würdest du nicht suchen, so wie du nicht erwählen würdest, wärst du nicht erwählt (Hg.).

wählet, daß du ihm ein besonderes Volk sein sollst. (5. Mose 26). Und der Heiden-Apostel sagt: „Er hat uns erwählet, daß wir vor seinem Angesicht heilig und unbefleckt seyn sollen." (Eph. 1,4). Endlich, so oft der Priester mit dem Psalmisten betet: „Der Herr ist mein Erbtheil (Ps. 15,5), bekennt er, daß er, was er ist, von Gottes Gnaden ist; denn erben [42] kann ich nur, was sich mir ohne mein Verdienst zum Eigenthume darbietet.

Also die Gnade der Erwählung gehört vor Allem dazu, um ein priesterlicher Würdenträger des Menschensohnes zu seyn. Diese aber wie kündigt sie sich an? Als Gnade der Absonderung, antworte ich im biblischen Sprachgebrauch, d.h. als Ausscheidung aus der allgemeinen Masse. „Sondert mir den Barnabas und Saulus ab, zu dem Werke, dazu ich sie berufen habe, sprach der heilige Geist zu den Dienern des Herrn in der Gemeinde zu Antiochien. Da fasteten sie und beteten, und legten die Hände auf sie, und entließen sie, das Wort Gottes zu verkündigen." (Apostelgesch. 13,2). Der Apostel Paulus nennt sich mehrmals einen „Abgesonderten", und setzt im Briefe an die Galater 1,15 diesen Ausdruck gleich dem: „berufen durch seine Gnade." Wird doch Christus selbst, und zwar ausdrücklich als Hoherpriester, im Briefe an die Hebr. (7,26) „abgesondert von den Sündern genannt." War nun Christus dieses vermöge seiner Gottheit, so kann es der Priester, als sein Diener, nur durch sacramentale Weihe seyn. Ein Geweihter also ist der Abgesonderte: das bezeichnet die positive Seite im Begriff der Erwählung. Der Geweihte ist mit kirchlicher Vollmacht bekleidet, und begabt mit der Gnade, die dazugehört, Kraft dieser Vollmacht zur Ehre des Namens

Christi zu wirken. Was also auf der einen Seite Ausscheidung ist, das ist auf der anderen Seite Einsetzung: Einsetzung in eine Macht, die niemand von Natur hat; in eine Würde, deren Träger nur der seyn kann, dem sie rechtmäßig verliehen worden. Durch die Priesterweihe werde ich von der Welt geschieden, um desto kräftiger [43] auf sie zu wirken. Was mich scheidet, das ist die Nothwendigkeit, die in dem Wort des Herrn lebt: Folge mir nach! Was mich einet, das ist das Wort: Nehmet hin den heiligen Geist! Ein Wort, das mit derselben Nothwendigkeit gesprochen wird, wie jenes: Das ist mein Leib. Als Priester bin ich der Geweihte, der das Wort auf der Stirne trägt: Heilig dem Herrn (2 Mos. 28,36); ein Vermählter bin ich, dessen Ehe im Himmel ist. Zwar soll das jeder Gläubige nach der ihm verliehenen Gnade seyn; aber eben damit die Verklärung in das Bild unsers Herrn und Heilandes Jesu Christi Jedem dargeboten und möglich gemacht werde, bedarf es für seinen Dienst ausgeschiedener Organe, die zwischen ihm und den Menschen das sind, was er zwischen der Menschheit und dem Vater ist. „Wie mich der Vater gesendet hat, so sende ich euch."

So ist der Priester, wie Einer spricht, der es erfahren, was es heiße Priester seyn, gleichsam ein doppeltes Wesen; einmal ist er ein Mensch, wie alle übrigen, mit den gleichen Bedürfnissen und Neigungen behaftet, auf der andern Seite aber ist er vermöge der Weihung und des empfangenen heiligen Geistes Eine Person mit Christus – sein Mund ist Christi Mund geworden und verkündigt Christi, d.h. Gottes Wort; seine Handlung ist Christi Handlung geworden: er opfert Christum und sich und alle Gläubigen auf dem Vater im Himmel; er spricht und handelt wahrhaft als Christus. „Das ist mein Leib", spricht er, „das ist mein Blut"; und „ich sage dich los von deinen Sünden"; Worte, die er nimmermehr sprechen dürfte, spräche er sie nicht als Worte Christi. Durchdrungen von der Würde, die somit dem Priester zu Theil geworden, sagt Chrysostomus: *Sacerdotes Christi Vicarii* [44] *sunt, et qui honorat Sacerdotem Christi, honorat Christum, et qui injurat Christi Sacerdotem injuriat Christum cujus est Vicarius et Sacerdos.* Die Priester sind Christi Stellvertreter, und wer den Priester Christi ehrt, ehrt Christum, und wer Christi Priester beleidigt, beleidigt Christum, dessen Stellvertreter und Priester er ist.

Die Forderungen aber, die sich daraus für den Priester ergeben, spricht ein Anderer aus in den Worten: *Accedat Sacerdos ad altaris tribunal ut Christus, assistat ut angelus, ministret ut sanctus, offerat vota populorum ut pontifex, interpellet pro pace ut mediator, pro se autem exoret ut homo.* Und Bourdaloue commentirt diese Stelle ganz richtig, wenn er sagt: Der Priester trete zum Altare wie ein Christus – vermöge der ihm verliehenen Macht und Würde; er stehe an demselben wie ein Engel – vermöge der Ehrerbietung, womit er die Befehle seines Herrn ausrichtet; er diene daran wie ein Heiliger – vermöge der Reinlichkeit seines Lebens; er opfere allda das Gebet des Volkes als ein Hoherpriester – vermöge seiner für das Heil der Gläubigen glühenden Liebe; er trete da für den Frieden ein als ein Mittler – vermöge seines Eifers für die Ehre Gottes; für sich aber flehe er als ein Mensch, der nicht würdig ist, daß der Herr zu ihm kömmt, und mit seiner Würde ihn bekleidet.

Man sieht, das Verhältnis des Priesters zu Christus und dem gläubigen Volke ist, nach dem Urtheile von Sachverständigen, unter die Kategorie des Gebens und Nehmens gestellt. Der Priester bringt Gott dem Allerhöchsten das ihm angenehme Opfer der Versöhnung dar, [45] und damit die Gebete und frommen Wünsche der Gläubigen Gemeinde; er empfängt dafür den Segen, den Gott an den großen Act der Versöhnung geknüpft hat, und theilt diesen der Gemeinde mit. Dieses Nehmen und Geben ist nicht an den moralischen Werth des celebrirenden Priesters geknüpft; der heilige Geist wirkt auch durch unreine hindurch; aber wer, wenn ihm das Heil seiner Seele am Herzen liegt, möchte mit unreinen Händen den allerreinsten Fronleichnam erheben, und mit beschwertem Gewissen die geweihte Hand ausstrecken zum Segnen? Der Priester soll nicht bloß thun, was die Kirche durch ihn thun will; er soll auch wollen, was die Kirche will; und sie will jedenfalls priesterliche Gerechtigkeit. Worin besteht diese? Antwort: in der Nachfolge Christi. Qui mihi ministrat, me sequatur[2] sagt er selbst mit klaren Worten. Die priesterliche Nachfolge Christi unterscheidet sich aber von der allgemeinen, von jedem Gläubigen geforderten, eben dadurch, daß der Priester die Tugenden der Nachfolge Christi in der Bedeutung und Würde des Priesterthums faßt. Wenn z. B. der Apostel von den Gläubigen überhaupt fordert, diese Welt zu gebrauchen als gebrauchte man sie nicht, so ist dieses für den Priester in einem noch engeren Sinne gesagt: er lebt, wie sein Herr und Meister selbst, im Cölibat; seine Habe gehört den Armen, seine Sorge ist Allen Alles zu werden, um Alle Christo zuzuführen. Wo nun ein Priester im Sinne der Kir-

---

[2]Wer mir dient, folgt mir nach. (Hg.)

che Christi Würde repräsentirt und Christi Stelle vertritt, da
werden Haupt und Glieder magisch vereinigt; der Bau des
mystischen Leibes Christi findet Pflege, und die Kräfte des
Himmels schlagen ein in das machtlos gewordene Leben.[46]
Solche Gedanken bewegten meine Seele, als ich nach mei-
ner Conversion den Entschluß faßte Priester zu werden.
Welch ein Abstand zwischen meiner Erziehung und diesem
Entschluß! Bei aller Pietät, die im elterlichen Hause herrschte,
war doch von dem katholischen Priesterthum nie anders als
von einer Ausgeburt der Finsterniß die Rede gewesen; vom
Papste zumal hatte ich alle Vorurtheile des unpriesterlichen
Luthertums eingesogen. Alljährlich, am sogenannten Refor-
mationsfeste, theilte ich die allgemeine Entrüstung über die
Gräuel der Verwüstung durch das apokalyptische Thier und
pries das Glück, daß die Scholle Erde, auf welcher die Kirche
meines Geburtsortes stand, im Lande evangelischer Freiheit
liege. Man hatte von dieser Freiheit einen ganz negativen
Begriff. Daß der Papst hier nichts vermöge: das war im Grunde die ganze Freude dieses Festes. Aber während man sich
dieser Freude überließ, wurde im ganzen Lande von aufge-
klärten Pastoren der Glaube an die Gottheit Christi, dessen
Schirmherr der Papst ist, untergraben, und das Schmähen auf
seinen Stellvertreter rächte sich dadurch, daß man Christum
selbst als den, der er war und seyn wollte, mehr und mehr
verlor. Jetzt, da ich nach gnadenreicher Führung, die Idee des
Priesterthums erkannt hatte, und selbst Priester zu werden
entschlossen war, betete ich mit dem Psalmisten: „Wie lieblich sind deine Wohnungen, Du Herr der Heerschaaren! Es
sehnt sich und schmachtet meine Seele nach den Vorhöfen

des Herrn. Mein Geist und mein Herz frohlocken dem lebendigen Gott. Denn der Sperling findet sein Haus und die
Turteltaube ihr Nest, darein sie ihre Jungen legt; ich deine
Altäre, Herr der Heerschaaren, mein König und Gott." (Ps.
83)[47] Ich hatte nichts meinen Entschluß zu rechtfertigen,
als ein Herz voll Sehnsucht, voll Verlangen zu wirken. Dieses brachte ich dem Herrn dar, hoffend, er werde gnädig
sein Antlitz über mich leuchten lassen, und mit seiner Gnade meiner Schwachheit aufhelfen. Nicht vergeblich habe ich
auf ihn gehofft. Es war am zweiten Sonntage des Augusts
1834, am Reliquienfeste, als ich die Priesterweihe empfing.
Das Evangelium des Festes führte mir die Bergpredigt, und
damit die s. g. acht Seligkeiten zu Gemüthe. Selig sind die
Armen im Geiste, denn ihrer ist das Himmelreich. Selig die
Sanftmütigen, denn sie werden das Erdreich besitzen. Selig, die da trauern, denn sie sollen getröstet werden. Selig,
die da hungern und dürsten nach der Gerechtigkeit, denn
sie sollen gesättigt werden. Selig die Barmherzigen, denn sie
werden Barmherzigkeit erlangen. Selig, die reines Herzens
sind, denn sie werden Gott schauen. Selig sind die Friedfertigen, denn sie werden Kinder Gottes heißen. Selig, die um
der Gerechtigkeit willen Verfolgung leiden, denn ihrer ist
das Himmelreich. Selig seyd ihr, wenn euch die Menschen
um meinetwillen schmähen und verfolgen, und alles Ueble
wider euch reden, so sie daran lügen. Seid fröhlich und ge-
trost, es wird euch im Himmel Alles wohl belohnt werden.
(Matth. 5). Es machte einen tiefen Eindruck auf mich, daß
mir in der entscheidendsten Stunde meines Lebens gerade
dieses Evangelium verkündigt wurde. Nach Seligkeit hatte

mein Herz verlangt, seitdem es fühlen und ahnden konnte; jetzt, wo ich eintrat in die Reihe der Geweihten, deren Beruf es ist zu bessern, zu retten, zu beseligen, denen eben darum selbst die Quelle der Beseligung nie versiegen sollte: [48] jetzt hörte ich den Herrn vom Berge der Segnung herab diejenigen selig preisen, die in den Augen der Welt gering und verachtet sind.

Ich sagte, die Bergpredigt enthält die Regel, den Canon der christlichen Gerechtigkeit und Heiligkeit. Um heilig zu leben, ist nämlich die erste Anforderung die, daß man sich demüthige vor Dem, der allein groß und erhaben ist, und im Bewußtseyn eigener Niedrigkeit sich alles eigenen Willens begebe, um ganz in Gott zu leben. „Selig sind die Armen im Geist." Die demüthige Selbsterkenntniß, die Ueberwindung alles Eigenwillens macht sanft und weich, zart und innig, und führt zu jenem gelassenen Wesen, das durch nichts mehr getrübt werden kann, als durch die Sünde; dessen Einfalt und Unschuld mit heiliger Magie[3] auf Andere wirkt, in Andern mächtig und herrschen wird. „Selig sind die Sanftmütigen." Es gibt eine Traurigkeit, die zum Leben hilft. Dies ist das tiefe Leid über unser verschuldetes Unvermögen, unsere Nichtswürdigkeit vor dem Allheiligen, Allgerechten; es ist zugleich das Verlangen, durch Buße mit zuwirken zur Versöhnung, und jetzt mit Thränen zu säen, um einst in Freuden zu ernten. „Selig sind die Leidtragenden." Die ganze Welt mit

---

[3]Hier ist, wie auch bei Lavater und bei Herbst Magie nicht die dämonisch inspirierte Schwarzkunst, die schwarze Magie, sondern die himmlische Kraft Gottes, machtvoll zu verwandeln; vgl. Deutsches Wörterbuch von Jacob Grimm und Wilhelm Grimm, Bd. 12, Sp. 1445. (Hg.)

ihren Schätzen, ihren Reitzen: was ist sie gegen ein Tröpf-
lein aus der Quelle des göttlichen Trostes? Die Welt vergeht
mit ihrer Lust, der Gerechten Seelen aber ruhen in Gottes
Hand. „Selig darum, die hungern und dürsten nach der Gerechtigkeit." Die Erbarmungen des Herrn sind hienieden der
Gerechten steter Lobgesang, und Barmherzigkeit zu finden
ist die Hoffnung, die nicht zu Schanden werden läßt. Darum üben sie auch Barmherzigkeit [50] an den Brüdern und
sammeln wohlthuend und segnend sich Schätze, an denen
kein Rost nagt, und nach denen die Diebe nicht graben. „Selig sind die Barmherzigen." Der Schatz, den die Gerechten in
irdenen Gefäßen tragen, ist die Gnade Gottes im reinen Herzen. Wie Gott solch ein Herz mit seinen Heimsuchungen erfreut, so wird, wer es ihm treu bewahrt, zum Schauen seiner
Herrlichkeit gelangen. „Selig, die reines Herzens sind." Die
Welt ist voll Unruhe, und gibt keinen Frieden; Alles in ihr ist
eitel, und im Haschen und Jagen nach eitlen Dingen ist Einer wider den Andern. Wo aber die Seele in Gott ihre Ruhe
gefunden, da thauet Gnade vom Himmel nieder, da sproßt
Gerechtigkeit aus der Erde hervor; es ist, als wollte sich unter den Fußtritten eines Heiligen die Welt verklären. „Selig
sind die Friedfertigen." Was ist das Loos der Heiligen hienieden? Wie lohnet die Welt den Gerechten? Haß und Verfolgung, Schmach und Verachtung wird ihnen reichlich zu-
gemessen, aber den im Schmelzofen der Trübsal Geläuterten
winkt die Krone der Gerechtigkeit. „Selig, die um der Gerechtigkeit willen Verfolgung leiden!" Selig, die von der giftigen
Zunge des Lügengeistes sich nicht irren lassen; es kommt die
Zeit, da die Wahrheit triumphirt, und die verfolgten Gerech-

ten frohlocken werden!

Wer erkennt es nicht, daß Christus in den acht Seligkeiten den Canon aller Heiligkeit aufgestellt hat? Das Leben der Heiligen ist nichts, als die Ausführung der so gegebenen Regel, und die Erfüllung der so von Christus ausgesprochenen Verheißungen. Von diesem Gedanken ergriffen, blickte ich hin auf die Apostel, die der Herr wie Schafe mitten unter reißende Wölfe sandte; ich versetzte [51] mich unter das Heer der Blutzeugen, die den Beweis geführt, was der vermag, der aus der Quelle des Heils getrunken; ich vergegenwärtigte mir die Schaar der Frauen und Jungfrauen, die den Liebesbund, den sie mit ihrem Herrn und Heiland geschlossen, um den Preis von tausend Wetten nicht gebrochen hätten, und glaubte zu verstehen, was der Apostel zu den Gläubigen spricht: „Ihr seyd nicht hinzugetreten zu einem Berge, den man anrühren kann, nicht zu einem verzehrenden Feuer, Sturm, Dunkel und Hochgewitter. Ihr seyd hinzugetreten zum Berge Sion, zu der Stadt des lebendigen Gottes, zu dem Heere vieler tausend Engel und der Kirche der Erstgebornen, deren Namen im Himmel aufgezeichnet sind, zu Gott dem Richter über Alle, und zu den Geistern der vollendeten Gerechten, so wie zu Jesus dem Mittler des neuen Testaments und der Besprengung mit seinem Blute, welches besser redet, denn Abels Blut." Ich begriff, daß dieses apostolische Wort besonders denen gelte, die den Zusammenhang der streitenden Kirche mit der triumphirenden fortwährend zu vermitteln haben, und erkannte, daß das Priesterthum ein Amt der Liebe sey: der Liebe, die der Apostel das Band der Vollkommenheit nennt. Jener Liebe, womit Christus die Seinen liebte

bis in den Tod, verdanken wir die Einsetzung des Priesterthums; in dieser Liebe soll es auch kraft der Weihe übernommen und verwaltet werden. In solcher Übernahme, solcher
Verwaltung dem göttlichen Hohenpriester willig das Opfer
des Gehorsams bringen, heißt Christi Würde zu Lehen tragen. Heil Jedem, der dabei beharrt, bis an's Ende! Heil auch
mir, daß in meine Hände das Geheimniß gelegt ward, durch
welches Er mitten durch [52] die Zeiten hindurchwirkt, bis
einst, beim Schall der letzten Posaunen das Alte vergeht und
Alles neu wird, da dann Gott Alles in Allem seyn wird.

4. Drittes Kapitel.

Studien, niedergelegt in Tagebüchern.

Die Sitte mich in Tagebüchern über meine Zustände und Erfahrungen zu verbreiten, habe ich, wenn auch nicht ohne Unterbrechung, bis zum Eintritt in die katholische Kirche fortgeführt. Diese Art stiller Thätigkeit war mir Bedürfniß, so lange ich in den höchsten Beziehungen unbefriedigt blieb, und mich einsam fühlte in der Welt. Der Katholik hat so subjektive Bedürfnisse nicht, und dem Priester zumal ist das Brevier sein Tagebuch. Seitdem ich dieses bete, kommt es mir nie in den Sinn, von mir selbst zu schreiben; doch kann ich mich entschließen, von dem, was ich in einer frühern Periode für mich geschrieben, Einiges mitzutheilen, was entweder zur Ergänzung meiner fragmentarischen Bekenntnisse dienen, oder auch neue Parthien im Gebiete meiner Lebensentwicktung beleuchten dürfte. Ich gehe zurück bis auf das Jahr 1828, wo ich in der Nähe von München eine anmuthige Sommerwohnung bezogen hatte.

N...... im Juny 1829.

Seitdem ich mich aus der Zerstreuung des städtischen Le-

bens in ländliche Stille gerettet, ist meine Thätigkeit so ruhig
wie die tiefste Ruhe, und meine Ruhe so thätig wie die höchste Thätigkeit. Oft habe ich stundenlang weiter nichts gethan,
als hinausgeschaut in das[53] Wogen des Stromes, der unter meinen Fenstern dahinrauscht, oder in die grünen Wipfel
des Gartens, der jenseits des Stromes seine Kronen ausbreitet,
dann über die prächtige Stadt hin, die mit Doppelthürmen
in den Himmel greift, nach den glänzenden Bergen hinaus,
die im Halbkreis den Horizont begrenzen; und doch ist mein
Geist in diesen Stunden vielleicht schaffender gewesen, als
wenn ich ein Kunstwerk arbeitete. Ich habe da freilich nur in
Anschauung gelebt; aber wo ist denn Seligkeit, wenn nicht
in der Anschauung? Auf meinem Arbeitstische — welch eine
bunte Bücherwelt! Philosophen und Theosophen, Rationali-
sten und Supranaturalisten, Protestanten und Katholiken: alle diese wunderlichen Heiligen liegen chaotisch durcheinan-
der, und verklagen sich gegenseitig vor der höchsten Instanz.
Und ich? ich sitze unter ihnen wie ein Friedensrichter, höre
sie mit der Miene des Gleichmuths, und spreche jedem sein
Urtheil.

Am anziehendsten sind mir gegenwärtig jene christlichen
Denker, welche im achtzehnten Jahrhundert in Opposition
traten gegen die seichte Aufklärung, welche, wie Fichte sagt,
die Ungezähmtheit des leeren Denkens als Denkfreiheit zu
preisen pflegte. Am höchsten unter ihnen steht mir auf protestantischer Seite Johann Georg Hamann, der Magus im Norden. Wie ein fernes Gestirn mit unergründlichen Lichtballen
und Nebelflecken leuchtet er in der Nacht des modernen
Heidenthums. Ich will ihn nicht blos studieren, er soll mir

ein Wegweiser seyn in der Wüste der Aufklärung. Hamann hatte nicht die Eitelkeit Schriftsteller und [54] Kunstrichter seyn zu wollen; was er sagt, ist ihm abgedrungen, ist Nothgedanke: er schrieb eigentlich nur Gelegenheitsschriften; am zugänglichsten ist er in seinen Briefen. Seine Worte sind nicht zum Schmecken, sondern zum Schlucken zugerichtet: bittere Arznei für eine kranke Zeit. Die Magie seiner Rede ist die eines Todtenerweckers; kein Wunder, daß er nicht verstanden wurde. In der Einleitung zu den „Kreuzzügen eines Philologen" sagt er: „Man überwindet leicht das doppelte Herzeleid, von seinen Zeitverwandten nicht verstanden und dafür gemißhandelt zu werden durch den Geschmack an den Kräften einer bessern Nachwelt. Glücklich ist der Autor, welcher sagen darf: wenn ich schwach bin, so bin ich stark! aber noch seliger ist der Mensch, dessen Ziel und Laufbahn sich in die Wolke jener Zeugen verliert, deren die Welt nicht werth war." — Geschmack an den Kräften einer bessern Welt: dies Kennzeichen wahrhaft großer Geister finde ich bei wenigen so bestimmt ausgeprägt, wie bei diesem Magus.

Große Persönlichkeiten sind unergründlich wie die Natur. Wer solche zu schildern unternimmt, muß wie der Erdbeschreiber in mancherlei Reichen bewandert seyn, durch mancherlei Gebiete, nahe und entfernte, mit Umsicht führen; aber er hat seine Aufgabe nicht verfehlt, wenn er, durch alle Stufen des Erklärbaren hindurch, zuletzt die Unergründlichkeit fühlbar macht. Ein orientalischer Dichter fragt, nachdem er das menschliche Herz einen Raum der Welten, voll tausend Träume, genannt:

Wie kommen Lebensworte, die durch den Himmel geh'n,
Zu ruh'n in engen Räumen des Herzensschreines nur?[55]

Die Frage ist ihm ganz gleich der andern:

Wie bergen Sonnenstrahlen, um heller aufzublüh'n Sich in
die spröden Hüllen des Edelsteines nur?

Das eben ist es, was uns in der Schilderung einer großen
Persönlichkeit klar vor die Seele geführt werden soll, daß die
Welt mit ihren Wundern des Geistes und der Natur in des
Menschen Herz gelegt ward, um Ausdruck zu gewinnen, um
zur Sprache zu kommen. Dies läßt sich besonders an jenen divinatorischen Charakteren nachweisen, die im Wendepunkt
eines Zeitalters zu Propheten auf die Zukunft werden; und
ich will es nachweisen an Johann Georg Hamann: ich will
sein Leben schreiben, und sein Wirken würdigen. Da ich aber
um ihn her noch viele Andere finde, die sich mitten in einer
frivolen Zeit nicht schämten des Evangeliums, weil sie erfahren hatten, welch eine Kraft Gottes es ist, so will ich überhaupt den Männern ein Denkmal setzen, die als Bekämpfer
des modernen Unglaubens zu denen gehören, deren Ziel und
Laufbahn sich in die Wolke jener Zeugen verliert, deren die
Welt nicht werth war. Ich will meinen Charakteristiken eine Anthologie aus den Schriften der Geschilderten beigeben,
und daher mein Werk nennen: Bibliothek christlicher Denker.
So Gott will, soll es nichts Gemeines, nicht Schlechtes werden,
ob ich mir gleich nicht verhehle, daß mit einem Unternehmen

der Art nicht sonderlich viel Glück zu machen ist in dieser Zeit, wo das Genie der Lüge gilt. Hat mir aber Gott gegeben, daß ich gram bin „dem tollen Pöbel zu Sichern,"[1] so freue sich nun auch mein Herz, „wie [56] wenn die Trauben reifen",[2] und thue sich gütlich mit der Frucht der Weisheit, die voll heilender Kräfte ist, und die ich eben darum auch meinen Zeitgenossen zu schmecken geben möchte. „Ihr Männer dieses Aeons! seyd keine alten Weiber, sondern werdet wie die Kinder. Durch diese Wiedergeburt der reinen Vernunft sind Gesetz und Propheten erfüllt. Feurige Kohlen aber auf euer Haupt, ihr Verächter der euch anvertrauten Geheimnisse der Majestät und Menschheit! Klatschende Cimbeln religiöser und moralischer Leere! ihr leidigen Aerzte mit dem Wasserglase, statt des herrlichen Kelchs

— mit dem Stein derWeisen, statt des lebendigen Brods

— mit der Schlange, statt des Fisches

— mit dem Skorpion, statt des mystischen Eys!

Mit Stroh geht ihr schwanger, Stoppeln gebärt ihr, Feuer wird euch mit eurem Muthe verzehren!"—

Den 25. Juni.

Mit Hamann's sokratischen Denkwürdigkeiten in der Hand saß ich diesen Nachmittag auf der steinernen Stufe vor meiner Villa, als unerwartet der Direktor von C**** mit einigen seiner Schüler bei mir Platz nahm. Wir sprachen,

---

[1]Sirach 50,28.
[2]Sirach 51,20.

veranlaßt durch meine Lektüre, über Sokrates, und zwar zuletzt ausschließlich über den Kopf des Sokrates. Einer von
den Schülern des Direktors hatte nämlich bemerkt, wie sehr
man sich in Sokrates getäuscht sehen müßte, wollte man ihn
nach seiner Büste beurtheilen, und hatte die Frage gestellt:
wie paßt zu dessen hohem Geiste das Affenartige in seiner
Physiognomie? — Wie? Affenartiges am Kopfe des Sokrates?
fragte [57] dagegen C**** entrüstet. Es ist wahr, setzte er hinzu, Sokrates hatte kein Künstlergesicht, aber er war auch kein
Künstler, und daran hat er Recht gethan, daß er seine Grazien
nicht vollendete. An welchem Kopf aber finden Sie eine so
erhabene Denkerstirne, wie an dem des Sokrates? Ich möchte
sie den Chimborasso aller Stirnen nennen; und was Sie Affenartiges in den Zügen finden, ist nur der Ausdruck eines
Faungesichts, das gar wohl zum ganzen Sokrates paßt. Dazu
kommt, daß das Auge am Steine todt ist, und daß der Mund,
der bei ihm gewiß schön war, vom Barte bedeckt wird. —
Denken Sie sich unter seiner Chimborasso - Stirn ein großes
geistreiches Auge und einen Mund, der Beredsamkeit ver-
räth: dann erst haben Sie das Bild des Sokrates.

Wenn ich eine Gallerie der merkwürdigsten Köpfe sähe,
sagte ein Anderer, ich würde doch am längsten bei dem
Kopfe des Sokrates verweilen; denn obwohl allen Regeln der
Schönheit widersprechend, hat er etwas so Imponirendes, so
zum Studium Aufforderndes, wie nicht leicht ein anderer.

Es ist, setzte ich hinzu, als läge der Wendepunkt eines ganzen Zeitalters in diesem Kopfe, und als wäre eben darum an

ihm Alles gewaltsam und gegen die Regel, gleichsam dämonisch herausgetreten, und wiederholte still bei mir die Worte: „die Denkerstirne des Sokrates — der Chimborasso aller Stirnen."

Als ich wieder allein war, ging ich noch in der Abendkühle unter den Linden meiner Villa auf und nieder, mit dem Bilde des Sokrates beschäftigt. Wie muß [58] dieser dämonische Mann mit der Chimborasso-Stirn imponirt haben, dachte ich, als er, da die Wolken des Aristophanes angeführt wurden, seine Stellung so nahm, daß er von Jedermann gesehen werden konnte; wie ferner, als er vor seinen Richtern stand, nicht wie ein armer Sünder, sondern mit der Miene eines Feldherrn. Und wie menschlich nahe rückt uns wieder dieser Hochgestirnte, wenn er mit dem Phädrus im heißen Sommer den kühlenden Ilyssus hinaufwatet bis zu dem hohen Platanus, wo weiches Gras und Schatten einlud, sich hinzulagern zum traulichen Gespräch; oder wenn er hochfahrende Jünglinge mit der gutmütigsten Ironie in ihrem eigenen Unsinn verstrickt, daß sie beschämt nach Hause gehen.

Der Himmel trübte sich; vom Gebirge her zuckte ein dunkles Wetterleuchten. Ich ging auf mein Zimmer und las in Hamann's sokratischen Denkwürdigkeiten weiter:

„Sokrates soll drei Feldzüge mitgemacht haben. In dem ersten hatte ihm sein Alcibiades die Erhaltung des Lebens und der Waffen zu danken, dem er auch den Preis der Tapferkeit, welcher ihm selbst zukam, überließ. Im zweiten wich er wie ein Parther, fiel seine Verfolger mitten im Weichen an, theilte mehr Furcht aus als ihm eingejagt wurde und trug seinen Freund Xenophon, der vom Pferde gefallen war, aus der Gefahr des Schlachtfeldes. Er entging der großen Niederlage des dritten Feldzuges eben so glücklich wie der Pest, die zu seiner Zeit Athen zweimal heimsuchte."

„Die Ehrfurcht gegen das Wort in seinem Herzen, auf dessen Laut er immer aufmerksam war, entschuldigte ihn, Staatsversammlungen beizuwohnen. Als er lange [59] genug glaubte gelebt zu haben, bot er sich selbst zu einer Stelle im Rath an, worin er als Mitglied, Aeltermann und Oberhaupt gesessen, und wo er sich mit seiner Ungeschicklichkeit in Sammlung der Stimmen und andern Gebräuchen lächerlich, auch mit seinem Eigensinn, den er dem ungerechten Verfahren in einer Sache entgegensetzen mußte, als ein Aufrührer verdächtig gemacht haben soll."

„Sokrates wurde aber kein Autor, und hierin handelte er einstimmig mit sich selbst. Wie der Held der Schlacht bei Marathon keine Kinder nöthig hatte, so wenig brauchte Sokrates Schriften zu seinem Gedächtnis. Seine Philosophie schickte sich für jeden Ort und zu jedem Fall. Der Markt, das Feld, ein Gastmahl, das Gefängniß waren seine Schulen, und das erste das beste Ouodlibet des menschlichen Lebens und Umganges diente ihm den Samen der Wahrheit auszustreuen. So wenig Schulfuchserei er in seiner Lebensart beschuldigt wird, und so gut er auch die Kunst verstand, die besten Gesellschaften selbst von jungen rohen Leuten zu unterhalten, erzählt man gleichwohl von ihm, daß er ganze Tage und Nächte unbeweglich gestanden und einer seiner Bildsäulen ähnlicher als sich selbst gewesen. Seine Bücher würden also vielleicht wie diese seine Soliloquien und Selbstgespräche ausgesehen haben. Er lobte einen Spaziergang als eine Suppe zu seinem Abendbrod; er suchte aber nicht wie ein Peripatetiker die Wahrheit im Herumlaufen und Hin- und Hergehen." — —

„Wer den Sokrates unter den Propheten nicht leiden will, den muß man fragen: **wer der Propheten Vater sey?** und ob sich **unser** Gott nicht einen Gott der Heiden genannt und erwiesen?" [60] Soweit für heute Hamann in seinen sokratischen Denkwürdigkeiten. Gewiß war es nicht zufällig, daß Hamanns erste schriftstellerische Thätigkeit den Sokrates zum Gegenstande hatte. Je heftiger in seiner Seele jenes dämonische Feuer brannte, das im Wendepunkte eines Zeitalters die Geistigsten ergreift, desto tieferen Eindruck mußte ein Mann auf ihn machen, der von sich bekannte, er wisse nichts, und den das delphische Orakel für den Weisesten seiner Zeit erklärte; der den Spruch: erkenne dich selbst! in praktischen Augenschein setzte, und an dem letzten Schicksal der Propheten und Gerechten Antheil hatte; der sich auf die Eingebungen eines Dämons verließ, und wie ein Held vor seinen Richtern stand. Hamann wußte für des Sokrates Zeugniß von seiner Unwissenheit kein ehrwürdiger Siegel und zugleich keinen bessern Schlüssel, als den Orakelspruch des großen Lehrers der Heiden: **So Jemand sich dünken läßt, er wisse etwas, der weiß noch nichts, wie er wissen soll. So aber Jemand Gott liebt, der wird von Ihm erkannt** — als Sokrates vom Apollo für einen Weisen, setzt Hamann hinzu. Wie aber das Korn aller unserer natürlichen Weis-

heit verwesen, in Unwissenheit vergehen muß, fährt er fort,
und wie aus diesem Tode, aus diesem Nichts das Leben und
Wesen einer höhern Erkenntniß neu hervorkeime, so weit
reicht die Nase eines Sophisten nicht. In dieser Beziehung
des Sokrates Sprüchwort: **er wisse nichts**, mit der delphi-
schen Überschrift: **erkenne dich selbst!** zusammenhaltend,
und die darin liegende Ironie gegen die Sophisten durch-
schauend, wurde Hamann fähig, auf sokratische Weise über
den Sokrates zu schreiben, d. h. [61] er ahmte als Ausleger
die Naturforscher nach. „Wie diese einen Körper in allerhand
willkürliche Verbindungen mit andern Körpern versetzen
und künstliche Erfahrungen erfinden, seine Eigenschaften
auszuholen, so macht es jener mit seinem Texte. Denn „die
Wörter haben ihren Werth, wie die Zahlen, von der Stelle wo
sie stehen, und ihre Begriffe sind in ihren Bestimmungen und
Verhältnissen, gleich den Münzen, nach Ort und Zeit wan-
delbar." Nur wer die rechte Stelle kennt, an welcher Sokrates
seinen Spruch in Anwendung brachte, meint Hamann, nur
wer die Anwendung desselben mit allen Nebenbegriffen und
ironischen Beziehungen durchschaut, sieht ein, wie dieser
Spruch „ein Dorn in den Augen der Sophisten und eine Geissel auf ihren Rücken war." Das eben war es, was Sokrates
in den Tod zog, daß er zu einer Wahrheit, die im Verbor-
genen liegt, zu einer heimlichen Weisheit seine Mitbürger
lockend die Furcht erregte, die alten Götter zu verlieren. Dagegen sträubte sich das mythologische Bewußtseyn, das an
der alten Zeit hing. Hatte aber Sokrates, durchdrungen vom
Geiste der Zukunft, das gegenwärtige Bewußtseyn einmal
dämonisch erregt und gewissermaßen in Verwirrung gesetzt,

so war nun der Wendepunkt nicht mehr abzuwehren. Von Sokrates an wird die Geschichte in bestimmteren Zügen zur Vorschule des Christenthums.

Es ist charakteristisch, wenn Hamann, als ihn die Kritiker seiner Zeit des Unsinns beschuldigten, über die Grenzstreitigkeiten des Genies mit der Tollheit ironisirt und Beispiele zusammengestellt, wie das alte Δαιμονιον εχει και μαινεται[3] immer in Anwendung gekommen, [62] wo ein Genie, ein Prophet, ein Reformator im Antriebe höherer Notwendigkeit sprach und handelte. Er selbst war ein dämonisch ergriffenes Genie, das in erhabener Einsamkeit an der Grenze zweier Zeiten Orakel spracb. Wie Sokrates gab auch er der Seele seiner Schlüße die Ironie zu ihrem Leibe; wie jener war auch er ein Dorn in den Augen der Sophisten und eine Geissel auf ihren Rücken. Wenn aber die göttliche Manie seines Wesens nicht die sokratische Ruhe und Klarheit hat, so ist der Grund vielleicht darin zu suchen, daß die Tiefen der Offenbarung wohl mehr als „der ätherische Tisch der Alten" im Stande sind, den ganzen innern Menschen in Paroxysmus zu versetzen. Die Thorheit des Genies aber war in diesem divinatorischen Charakter reich genug, die Wahrheit geltend zu machen: „das Amt der Philosophie ist der leibhafte Moses, ein Orbil zum Glauben — der ganze Wandel eines Christen aber das Meisterstück des unbekannten Genies, das Himmel und Erde für den einigen Schöpfer, Mittler und Selbsterhalter erkennt, und erkennen wird in verklärter Menschengestalt."

---

[3] und das Daimonion rast

Den 26. Juny.

Gestern schrieb ich, mich sogleich in die Sache selbst versetzend, bis in die Nacht hinein, unbekümmert um die eigentliche Gestaltung und Ausdehnung meines literarischen Unternehmens; heute will ich nachholen, womit ich eigentlich hätte anfangen sollen. **Christliche Denker:** welche dürfen mir als solche gelten? Viele machen darauf Anspruch, daß ihr Denken christlich sey, und doch läuft bei ihnen Alles auf eine Befreiung von allem christlich Gedachten hinaus. Als christliche Denker können [63] mir offenbar nur solche gelten, die das Christenthum nehmen **wie es ist**, nicht wie es sich nach beliebigen Gesichtspunkte deuten läßt; solche also, die in dem positiven Gehalte des Christenthums zugleich die Lichtpunkte für die philosophische Spekulation erkannten, und die eigenthümlich christlichen Ideen zur Energie lebendiger, individueller Gegenwart in ihrem Denken machten. Nun finde ich, daß es Denker gibt, die nur zum Theil hieher gehören, die, obgleich vielfach berührt vom positiven Christenthum, dennoch zu keiner sichern Begründung in demselben gelangten, und später eher rückgängige Bewegungen in ihrem Denken machten. Ist es erlaubt auch solche aufzunehmen? Streng genommen nicht. Bedenke ich aber, daß es schon dankenswerth ist, durch eine Art Guerillaskrieg mitzuwirken, um das gelobte Land im Denken zu erobern, wenn man nicht im Centro kämpfen kann, so dürften auch einige von diesen zugelassen werden, doch immer nur dann, wenn sie mit den Männern im Centro in Verbindung stehen, dergestalt, daß ihre Schilderung neues Licht auf jene wirft. Ein solcher Denker ist mir im Verhältniß zu Hamann **Friedrich Heinrich Jaco-**

bi. Nur ein Schein von christlicher Philosophie geht durch sein geistreiches Wesen; aber auch dieß verdient gewürdigt zu werden, da es überhaupt noch nicht heller Tag ist im Bereiche des christlichen Denkens.

Das Leben und Wirken Jacobi's fällt mit in die Zeit, wo auf der einen Seite das gemeine Bewußtseyn seichter Aufklärer zur allgemeinen Vernunft sich erheben wollte, auf der andern ein Kreis von Männern hervortrat, in dessen Mitte jegliche Blüthe des Geistes sproßte, und der Morgen deutscher Literatur aufging. Noch waren [64] sich vielleicht die Wenigsten nach allen Beziehungen klar und des Zieles gewiß; aber es waren angelegentliche Bedürfnisse, die ihre Gemüther ergriffen hatten, und mit Aufrichtigkeit des Geistes erstrebten sie Befriedigung. In diesem Streben vom frischen Hauche des Schaffens angeweht, suchten sie sich und schlossen, wenn sie sich gefunden, Freundschaft für das ganze Leben. Sie blieben dann gewöhnlich im schriftlichen Verkehr, und nicht leicht möchte in der deutschen Literär-Geschichte eine erfreulichere Erscheinung aufzuweisen seyn, als eben dieser freundliche Verkehr deutscher Gelehrten in den letzten Jahrzehenden des vorigen Jahrhunderts; denn Alles, was den Umgang geistreicher Menschen adelt: Klarheit des Geistes, tiefe Gemächlichkeit, reges Interesse an Allem, was die Zeit bewegt, spricht uns hier vielseitig in lebendigen Bildern an. Einen Mittelpunkt für solchen Verkehr bildet, durch glückliche Verhältnisse begünstigt, Friedrich Heinrich Jacobi, den ein freier Sinn zu Allem hinzog, was Leben, eigenen Genuß und Fülle hat. Ausser dem wohleingerichteten Hause in Düsseldorf erfreute er sich eines anmuthigen Landsitzes in Pempelfort. Um die geräumige heitre Wohnung zogen sich blühende Gärten mit grünen Plätzen, besetzt mit Orange - und Myrthenbäumen; schattige Ulmen, erotische Gewächse, Gesträuche aller Art wechselten in lieblicher Mannigfaltigkeit. Hier dachte, hier schrieb Jacobi, zum Theil unter Bäumen, die er selbst pflegte, seinen Allwill, seinen Woldemar; hier in diesem heitern Aufenthalte, wo etwas Freies und Seliges waltete, das Genügen bereitet, belebte sich gar bald der Charakter des gebildeten Familienvereins vor den Augen des Gastes, indem [65] er, wie Göthe sagt, wohl bemerken konnte, daß ein weiter Wirkungskreis von hier ausging und anderwärts eingriff. Denn, welcher Hervorragende unter den Gelehrten und Künstlern der damaligen Zeit hätte nicht mit Fritz Jacobi in Verbindung gestanden; welcher, wenn ihm zu reisen vergönnt war, nicht irgend einmal die Süßigkeit der Pempelforter Gastfreundschaft geschmeckt? Auch Hamann verlebte dort glückliche Tage, nachdem er des zwanzigjährigen Wachdienstes im Packhof zu Königsberg überhoben war. Beide hatten gerungen sich über sich selbst und die Welt klar zu werden, und in großen Studien gelebt; und doch vergleicht sich Hamann mit jenem Besessenen, den ein böser Geist bald in's Feuer, bald in's Wasser warf, und Jacobi wendet diesen Vergleich auch auf sich an, mit dem schmerzlichen Zusatz: „O daß mir die Hand erschiene, die mich lehren könnte gehen auf dem Wege des menschlichen Daseyns! ,Die Hand, die Hand¡ rief ich mehrmals meinem Hamann zu." — ,Vielleicht¡ war eins der letzten Worte, unter einem Strom von Thränen, die ich aus seinem Munde hörte."

So sehe ich also einen Mann, der jahrelang in Tiefen der Forschung und Gelehrsamkeit gelebt, im Innersten gebrochen, die Hand ausstrecken nach einer andern Hand, die ihn lehren könnte gehen auf dem Wege menschlichen Daseyns! Ihm zur Seite sehe ich den Freund, in dessen Seele er das Bekenntniß seiner Ohnmacht niedergelegt, in Thränen schwimmen und ein aus dem Herzen gepreßtes Vielleicht zum Trost geben. Wer sich selbst vermißt ein starker Geist zu seyn, mag diese Scene stolz belächeln; ich bekenne mich zum Mitgefühl [66], und schäme mich der Thräne nicht, die auch mir das Bedürfniß einer helfenden Hand entlockt. Glühend Herz, wer mag dir trauen! Wenn irgendwo, so möchten hier die Worte des Dichters ihre Stelle finden:

O wie sehnet die gebundene
Psyche schmachtend sich hier, schlägt mit Fittigen,
Aengstet hoffend sich, weint, lächelt, empfindet es,
Daß ihr Wissen nur Ahndung,
Ihre Wonne nur Sehnsucht sey.

Den beiden Freunden gegenüber gedenke ich des Psalmisten, der nicht mehr die Hand ausstreckte nach einer andern Hand, sondern in heiliger Begeisterung fragte: wer gibt mir Flügel, gleich einer Taube, daß ich fliege und aufsteige? Zum Allerhöchsten will sich mein Geist erheben; im Schooß der Gottheit soll meine Seele ruhen. O heilig glühend Herz! laß dich erweitern auf dem Wege Seiner Zeugnisse; die Hand, die von oben herab in dieses jammervolle Daseyn greift, die allein kann helfen.

Im Winter des Jahres 1830.

Der erste Band der Bibliothek christlicher Denker liegt gedruckt vor mir; ohne seine etwaigen Wirkungen abzuwarten, gehe ich an die Fortsetzung. Das Leben Johann Kaspar Lavaters soll den zweiten Band ausfüllen. Während Hamann wie ein fernes, dunkel glühendes Gestirn am Horizont eines untergehenden Jahrhunderts stand, trat Lavater in der Magie der Liebe mitten unter seine Zeitgenossen, in reger Lebensthätigkeit für das Wort des Herrn zu zeugen: „So ihr bleibet bei meiner Lehre, so seyd ihr in Wahrheit meine [67] Jünger; ihr werdet die Wahrheit erkennen, und die Wahrheit wird euch frei machen."

Es ist merkwürdig, daß Lavater so lange unmündig war, und auch als Knabe der Unmündige gescholten ward, bis die Idee des Gottmenschen in seine Seele trat. Sobald diese die zarten Saiten seines Wesens berührt und in Harmonie gesetzt hatte, war er so der Rede mächtig, daß weithin sein Ruf drang. In stiller Anbetung, in religiöser Selbstprüfung finde ich ihn vertieft, sobald er anfing, mit dieser Idee sich fester zu begründen. Wem aber die Stunden ernster Betrachtung und Anbetung die liebsten und seligsten seines Lebens sind, in dessen Seele muß ein Geheimniß liegen, dem keine Sichtbarkeit genug thut; er wird, wenn seine Seelenstimmung kein frommer Betrug ist, zu den eigentlich Gottesbedürftigen gehören, die aus der gemeinen bedürfnißlosen Masse hervortreten zu Gottes Lust und Augenweide. Und sind nicht diese die eigentlich positiven Menschen, deren Kraft ausgeht von Bestimmtheit, und die eben darum existenter sind, als andere Menschen? Ist das Bedürfniß ein bestimmtes, so verträgt es nichts halbes, nichts schwankendes ; es verlangt Realität; nur voller wirklicher Besitz kann es stillen.

Mit dem ersten freien Blick auf das All der Dinge fand sich Lavater in einer Wunderwelt, die kein sterblich Auge aus-mißt, obgleich der Mensch als ihr Ziel und Mittelpunkt er-scheint. Er, in dem sich die ganze Natur personificirt, der ein-fachste Zusammenfluß von Positivem und Negativem, wie Lavater sich ausdrückt, ein tausendfacher Spiegel, worin Gott sich selbst sieht, und wodurch er sein Werk, die Natur, ge-nießen kann — der Mensch, [68] „dieser gleichsam materi-ell gewordene Gott," ist, nach Lavater, im Besitze einer Kraft, die, wo sie zur freien Entwicklung kömmt, bis zu einem ge-waltigen Punkt in die Natur zu wirken im Stande ist. Sie ist ihm die ursprünglichste Kraft des Menschengeistes, und ob-wohl durch die Sünde latent geworden, kann sie doch jeder-zeit durch heiliges Leben wieder gewonnen werden. Eben diese Kraft war ihm Quell und Wesen der Religion, und ih-rer Spur und ihren Wirkungen nachzugehen, sein unablässi-ges Bestreben. Er fand sie gleichsam deponirt im **Arcanum der Willenlosigkeit.** Denn er erkannte wohl, daß die Bedin-gung, sie in Bewegung zu setzen, die sey, daß die Selbstheit bleibe, was sie der ursprünglichen Ordnung nach seyn soll: Basis, Organ, nie Allwille. Aber das eben ist die Schuld des Menschen, daß er, nach der Sprache der neuern Philosophie, in der Selbstheit sich ergreifend, die ursprüngliche Ordnung verkehrte, und damit aus seinem Centro wich. Mit dieser Verkehrung wirkten die Principien, die im rechten Verhält-niß auch das rechte Leben gebären, in Zwietracht, und damit war das, was nicht seyn soll, das Böse, herrschend geworden. Wenn seitdem, d. h. seit der Mensch mit dem anhängenden finstern Princip des Bösen geboren wird, nur durch göttliche Transmutation das Gute an's Licht gebracht werden kann: so hat es einen tiefen Sinn, wenn Lavater ein Arcanum der Willenlosigkeit behauptet, aus welchem die wahre Willensfreiheit, die nur Gott zu lieb ihre Kräfte regt, hervorgeht, wie aus dem Schooß der Erde das blühende Gewächs. Durch besondere Influenzen in Bewegung gesetzt, wird die so geweckte Kraft [69] Sehergabe. Das Vorhandenseyn einer solchen Kraft und Gabe war Lavatern eben so gewiß, wie das Daseyn einer Gedächtniß- und Vernunftkraft. So gewiß je ein Prophet war, sagt er in dieser Hinsicht, so gewiß ist dies mir: „Gott schafft keine neuen Sinne im Menschen; er berührt und entwikelt nur die, welche in ihm vorhanden sind. Unzählige tägliche Erfahrungen, die keine Philosophie und Unphilosophie wegerklären, lassen mir keine Zweifelsmöglichkeit übrig." Hinsichtlich dieser aus ursprünglicher Tiefe quellenden Kraft betrachtete also Lavater die menschliche Seele nicht wie einen ausgebrannten Heerd; noch war ihm jeder zum Glauben organisirte und im Glauben erweckte Mensch fähig ein Prophet zu seyn. „Kein Mensch ist," erklärt er ausdrücklich, „der nicht in reinen Stunden reine Gottesworte spreche, Gottesthaten thue. Wehe! wenn Gottes Wort in die Bibel gekerkert ist. Wehe! wenn das Geschlecht der Kinder Gottes, der Ahner ewiger Dinge, der Vollbringer unsterblicher Thaten ausgestorben ist." Aber weil des Geistes Machtvollkommenheit sich durch die That zu erweisen hat, so wußte, so behauptete er: „Erfahrung allein kann allen unbeantwortlichen Sophistereien die Stirne bieten" nicht blos innere Erfahrung, die leicht verwechselt wird mit dem Gewirre erhitzter Einbildung, sondern „**Thatbeweise**, Beweise des Geistes und der Kraft, wodurch alle Geister und Kräfte des Irrthums bezwungen werden." Dies vorausgeschickt, wird, was Lavater gelegenheitlich an Fr. H. Jacobi schreibt, verständlicher werden. „Gewiß scheint mir," schreibt er ihm, „wir haben in uns eine Kraft, die ich anders nicht als magisch nennen [70] kann. Alle Magie schafft, wie sie meint, aus nichts — sie realisirt Ideen zu Gestalten, gibt diesen Gestalten Solidität und Leben. Würdest du dich entsetzen, wenn ich das eigentliche Wesen der Religion, insofern sie von Moral verschieden ist, diese Götterzauberei, Engelerschaffung, Gottesrealisirung, diese Hypostasis in uns, Magie nennen würde? So wenig Hume zu seiner Idee von dem Daseyn der Dinge außer uns ein anderes Wort finden konnte, als Glaube; so kann ich für das Eigentliche der Religion kein anderes finden, als Magie. Der Glaube, den Christus so sehr der Liebe incorporiren will — was ist er anders als Magie? als Allmacht? als Schöpfungskraft? Glaube ist Hypostasis, eine Grundkraft, eine complete Seynsart, die sich voll fühlt, die alle Bilder verschlingt; er verträgt nichts Unsolides, Halbes, Schwankendes; er realisirt alles zur Fülle des eigenen Daseyns; er macht alles sich selbst gleich in Ansehung der Gewißheit und Realität. Als ich diese Stelle in einem Briefe Lavaters an Jacobi zum erstenmal las, jubelte ich unwillkührlich auf über die entschiedene kräftige Fassung eines Begriffs, den mir die exegetischen Wortklauber und die philosophischen Sprachkünstler auf Universitäten so sehr verwässert hatten. Um die Concentration der Seelenkräfte auf Einen Punkt, um mächtige wundervolle Wirkungen zu bezeichnen, gibt es kein entsprechenderes Wort, als Magie; und was ist Glaube, wenn nicht eine solche Concentration, ein Complex wundervoller Wirkungen? Nach Lavater, wie nach der ältesten Religionslehre, steht der gotterfüllte Mensch in organischem Zusammenhang mit der ganzen Lichtnatur und Geisterwelt; erregte Liebe und [71] Gedankens Macht öffnen die Schranken, die dem Ungöttlichen die unsichtbare Welt vor der sichtbaren verbergen. Liebe leuchtet aus der Finsterniß der materiellen Welt hinüber unter die Bewohner des Himmels, sagt Lavater, und durch Liebe zieht der Mensch gewissermaßen den ganzen Himmel auf die Erde. Die Kraft nun des Menschen, sich die Geisterwelt so existent zu machen wie die Körperwelt, nannte er Magie, Religion. In dieser Kraft, welche das Mysterium der Persönlichkeit bewahrt, jener unerklärbaren Productionskraft, ohne die es keinen Reformator, keinen Helden, keinen Virtuosen gibt, fühlte er sich selbst; er fühlte sich in ihr durch die Macht dessen, dem alle Gewalt gegeben ist im Himmel und auf Erden; in ihm sehe ich also die Reihe christlicher Seher und Denker fortgesetzt.

Um der Energie willen, mit welcher Lavater im Glauben lebte, wurde er zum Gespött vor seinen Zeitgenossen, wenigstens vor den Wortführern der sogenannten Aufklärung. Mich wundert das nicht, da er einer Kirche angehörte, deren Cultus alles Magische verloren hat, in welcher darum auch das Wunder ausgestorben ist. Ich fühle mit Lavater das Machtlose unsers kirchlichen Lebens hinsichtlich jener tieferen Seelenzustände, in welchen der Mensch weit unmittelbarer schöpferisch zu werden vermag, als seine dermalige Beschaffenheit zu gestatten scheint, und neige mich darum, gleich ihm, zur katholischen Kirche hin, welche mit dem alten Glauben zugleich urkräftige Glaubenswirkungen fortsetzt. Mehr positive Religion und religiösen Tiefsinn, als bei den modernen Denkgläubigen, finde ich selbst im Heidenthum, z. B. bei Empedokles von Akragas, einem Weisen der [72] eleatischen Schule. Ganz priesterlich ist seine Ansicht der Dinge. Dies spricht sich besonders aus in dem Gegensatze zwischen dem seligen Leben im Sphäros — so nannte er die Welt in ihrer ursprünglichen Einheit — und dem kläglichen Leben der Menschen in der jetzigen Welt; ferner in der Ableitung dieses Lebens aus einem alten Frevel, welcher gesühnt werden müsse; endlich in den heiligen Vorschriften für solche Sühnungen, durch welche der Mensch zu einer höhern Einigung der Seele mit dem Göttlichen gelangen möge. Und wenn Platon von einem Wahnsinn redet, der uns durch göttliche Kunst verliehen werde, und behauptet, daß uns daraus die größten Güter entstehen, so spricht er offenbar damit aus, daß es Dinge gebe, die, weil sie mit gemeinem Verstande nicht auszumachen sind, auch höher liegen, als das durch gewöhnliche Vermittlung Gewonnene. Platon bezieht sich dort, wo er am ausführlichsten von diesem göttlich erregten Wahnsinn spricht (im Phädrus), auf die Zustände der prophezeienden Priester und Priesterinnen; und ich ahnde, daß überhaupt das Priesterthum für mich ein Feld der einflußreichsten Entdeckungen werden könnte. Hier weben im Guten, wie im Bösen, Kräfte einer Welt, für die sich das Geschlecht dieser Zeit den Gesichtskreis zu eng hat ziehen lassen. Der Mittel- und Seelenpunkt der ganzen Heilsordnung ist von vornherein an das Priesterthum geknüpft. Nachdem

wir dieses aufgegeben haben, sind wir das saubere Allerlei-
haus geworden, welches sich „evangelische Kirche" nennt.

Es hat aber Gott zwischen die beiden Kirchen, wie einst
zwischen Abi Melech und den Männern zu Sichem, [73]
„einen bösen Willen" gesendet[4], daß sie ihre Stärke in der
Feindschaft haben, und so geschieht es, daß diejenigen, die
das Salz der Erde seyn sollten, mit Schadenfreude Salz säen
auf den verwüsteten Boden des Heiligthums. Wir gleichen
den Bäumen in der Fabel, die den Dornbusch zu ihrem König
gesalbt: Feuer geht von ihm aus und verzehret die Cedern des
Libanon[5]. Und wenn wir noch nicht dahin gekommen sind,
daß uns das Gefühl der Leere und Oede bis zur Verzweif-
lung drückt, so beweist das nur, daß dem Dornbuschfeuer
der Aufklärung etwas in unserer eigenen Natur entspricht,
nämlich Ohnmacht und Unfruchtbarkeit in der mystischen
Ehe der gläubigen Seele mit dem liebenden Gotte.

Unter den Sprechern für die seichte Aufklärung des achtzehnten Jahrhunderts wird nicht selten auch G. E. Lessing
genannt; gewiß nur von denen, welche ihn zu würdigen un-
fähig sind. Freilich war er, wenn man will, ein revolutionärer
Denker, oder vielmehr ein Denker, der in alle Fächer des Wissens revolutionäre Anregung brachte; aber eben daß er ein
Denker war, ein Denker voll Wahrheitsliebe, wenn auch noch
nicht mit dem Blick in die volle Tiefe, stellt ihn hoch in einer Zeit, die in den seltsamsten Abnormitäten ihren inner-

---

[4]Richt. 9,23.
[5]Richt. 8,8-15.

lich krankhaften Zustand verrieth[6]. „Lessing, sagt Friedrich Schlegel in seinen Vorlesungen über die Geschichte der alten und [74] neuen Literatur, äußerte seine philosophischen Gedanken fast gar nicht öffentlich; alles was er etwa gelegentlich davon hinwarf, fiel auf als eine allen Ausdruck übersteigende Paradoxie. Von der heimlichen Schwärmerei des geistvollen Forschers ging eigentlich nichts in die allgemeine Denkart über. Desto mächtiger und allgemeiner wirkten seine Zweifel und das Beispiel seiner Kühnheit; und so arbeitete er, ohne es zu wollen, eigentlich nur jener Denkart in die Hände, der er so entschieden abgeneigt war, und die er so oft bekämpft hatte. Ihn selbst hatte die hohe Kühnheit seines Forschergeistes zurückgeführt zum Glauben an die älteste Philosophie und zur Anerkennung der Tradition und ihrer gesetzlichen Kraft in der Kirche."

Dieses Urtheil Fr. Schlegel's bestimmt mich, über Lessing einstweilen Studien zu machen; wobei ich unentschieden lasse, ob er eine Stelle in meinem Werke finde.

Unter den Theologen ist Lessing allgemein wohl nur als Herausgeber des berüchtigten Wolfenbüttel'schen Fragmentisten bekannt. Allein daß die Theologie des Fragmentisten nicht geradezu die seinige war; daß er ihn nur an's Licht zog, damit ihn recht viele prüfen, recht viele widerlegen könnten: darüber hat er sich bestimmt genug ausgesprochen[7] und da-

---

[6]Lessing pflegte den Geist des Jahrhunderts durch eine Vergleichung mit den Krebsen, die man zuweilen mit einer ungeheuer großen Scheere und einer elend kleinen daneben findet, zu charakterisiren.

[7]S. s. W. VI. ff., nach der Berliner Ausgabe v. J. 1825. Lessing beruft sich, um sich zu entschuldigen, auf Hieronymus. „Als dieser eine, seinem ei-

bei erklärt, was er unter der christlichen Religion verstehe. [75] Unter der christlichen Religion verstand Lessing den Inbegriff jener Glaubensbekenntnisse, welcher bei den ältesten Vätern *Regula fidei* hieß, und der Fels ist, auf welchen die Kirche Christi erbaut worden. Offenbar hatte sich Lessing damit zur Tradition bekannt, und diese war es auch, welche er dem bekannten Hamburger Pastor Götze entgegensetzte, der behauptet hatte, „daß die Bibel der einige Lehrgrund der christlichen Religion sey, ohne welchen dieselbe nicht erwiesen, nicht fortgepflanzt werden, also nicht bestehen könne." Dagegen erklärte Lessing ausdrücklich, daß er lieber seine Zuflucht zu einem Lehrsatze der römischen Kirche nehme, als die ganze christliche Religion unter Einwürfen der Freigeister erliegen lassen wolle, die blos die Bibel und nicht die Religion treffen; die blos das Buch treffen, in welchem, nach dem höchst neuen und bis auf diesen Tag unerwiesenen Lehrsatz der strengern Lutheraner die Religion einzig und allein enthalten seyn soll. Oder sind die Katholiken keine Christen? fragt Lessing seinen Gegner. Wäre ich kein Christ, wenn ich in diesem Stücke mich auf die Seite der Katholiken neigte?

---

genen Urtheile nach der wahren christlichen Religion höchst verderbliche Schrift aus dem Griechischen übersetzte (des Origenes Bücher περι αρχων) in der Absicht, um sie vor den Verkleisterungen und Verstümmelungen eines andern Uebersetzers, des Ruffinus, zu retten, d. h. um sie ja in ihrer ganzen Stärke, mit allen ihren Verführungen der lateinischen Welt vorzulegen, und ihm hierüber eine gewisse *schola tyrannica* Vorwürfe machte, als habe er ein sehr strafbares Aergerniß auf seiner Seele: was war seine Antwort? *„O impudentiam singularem! Accusant medicum, quod venena prodiderit!"* [*Welch einzigartige Unverschämtheit! Sie klagen den Arzt an, er hätte Gift verordnet! Hg.*] *(S. W. VI. S. 163.)*

Unartig genug, setzt er hinzu, daß viele Protestanten den Beweis für die Wahrheit der christlichen Religion so führen, als
ob die Katholiken durchaus keinen Antheil daran hätten! Ja
er scheut sich nicht, mit klaren Worten auszusprechen, die
Reformation [76] sey weniger dadurch zu Stande gekommen,
daß man die Bibel besser zu brauchen anfing, als dadurch,
daß man die Tradition zu brauchen aufhörte. Auch haben wir,
bemerkt er dabei, dem ungehinderten, häufigern Gebrauche
der Bibel ebensowohl den Socinianismus zu danken, als die
Reformation. Denn wer die Gottheit Christi, behauptet er mit
scharfem Blick, nicht mit in's neue Testament bringt; wer sie
nur aus dem neuen Testament holen will, dem ist sie bald
abdisputirt. Daher ist den Socinianern der Grundsatz, daß
sowohl die Gottheit Christi als die übrigen Wahrheiten der
christlichen Religion einzig aus den Schriften der Evange-
listen und Apostel erwiesen werden müssen, sehr willkommen
gewesen, und es läßt sich leicht zeigen, daß es ebenfalls Fein-
de der Gottheit Christi, daß es die Arianer gewesen, welche
ihn zuerst angenommen. (S . W . VI., 83, 90, 47.)

Aber, fragt der Pastor Götze, würde, wenn die neutesta-
mentlichen Bücher nicht geschrieben und bis auf uns gekommen wären, wohl eine Spur von dem, was Christus gethan
und gelehrt hat, in der Welt übrig geblieben seyn? — „Gott
behüte mich," antwortet Lessing entrüstet, „jemals so klein
von Christi Lehren zu denken, daß ich diese Frage so geradezu mit Nein zu beantworten wagte! Nein, dieses Nein spräche ich nicht nach, und wenn mir es ein Engel vom Himmel
vorsagte; geschweige da mir es nur ein lutherischer Pastor
in den Mund legen will. Alles, was in der Welt geschieht,

ließe Spuren in der Welt zurück, ob sie der Mensch gleich nicht immer nachweisen kann; und nur Deine Lehren, göttlicher Menschenfreund, die Du nicht aufzuschreiben, die Du zu predigen befahlst, sollten nichts, gar nichts [77] gewirkt haben, woraus sich ihr Ursprung erkennen ließe? Deine Worte sollten erst, in todte Buchstaben verwandelt, Worte des Lebens geworden seyn? Sind die Bücher der einzige Weg, die Menschen zu erleuchten und zu bessern? Ist mündliche Überlieferung nichts? Und wenn mündliche Überlieferung tausend vorsätzlichen und unvorsätzlichen Verfälschungen unterworfen ist: sind es die Bücher nicht auch? Hätte Gott durch die nämliche Aeußerung seiner unmittelbaren Gewalt nicht eben sowohl die mündlichen Überlieferungen vor Verfälschungen bewahren können, als wir sagen, daß er die Bücher bewahrt hat? O über den Mann, allmächtiger Gott! der ein Prediger Deines Wortes seyn will, und so keck vorgibt, daß Du, Deine Absicht zu erreichen, nur den einzigen Weg gehabt, den Du Dir gefallen hast, ihn kund zu machen! O über den Gottesgelehrten, der außer diesem einzigen Wege, den er sieht, alle andern Wege, weil er sie nicht sieht, platterdings läugnet! Laß mich, gütigster Gott, nie so rechtgläubig werden, damit ich nie so vermessen werde!" (S. W. VI. 79.) Nicht um von Neuem Interesse für den vielbesprochenen Streit zwischen Lessing und Götze zu erregen, sondern um zu zeigen, wie sich mir in der protestantischen Literatur selbst Wegweiser in's Gebiet des Katholischen darboten, theile ich dieses mit. Zunächst aber wäre ich fast in denselben Fehler verfallen, den Lessing beging, indem er die Tradition auf Kosten der Schrift hervorhob. Der Hauptsatz, von welchem aus er den Streit führte, steht unwidersprechlich fest. Nicht die Schrift im Gegensatze der Tradition, sondern der Inbegriff der Glaubensbekenntnisse, welch die Väter *Regula fidei* nannten, [78] bestimmt die Antwort auf die Frage, was die christliche Religion sey. Hielten aber die Schriften die Prüfung nach der Regel des Glaubens aus, so waren sie auch schon, wie Herder gegen Lessing bemerkt, nach dieser Regel geschrieben, und auf sie gegründet.[8] Beide also, Tradition und Schrift; erstere, wie sie die Kirche bewahrt, letztere, wie sie die Kirche auslegt, sind die genügende Erkenntnißquelle des christlichen Glaubens. Lessing verrät einen feinen historischen Sinn, wenn er denen, die durch leidige Exegese zum Urchristentum zurückführen wollten, das bestehende Gebäude des ganzen Urchristenthums entgegenhielt. Die Augenzeugen im Urchristentum, sagt er, hatten nur den Grund vor sich, auf den sie, in Ueberzeugung seiner Sicherheit, ein großes Gebäude aufzuführen wagten. Und wir, wir haben dieses große Gebäude selbst ausgeführt vor uns. Welcher Thor wühlt neugierig in dem Grunde seines Hauses, blos um sich von der Güte des Grundes seines Hauses zu überzeugen? Setzen mußte sich das Haus freilich erst an diesem und jenem Orte. Aber daß der Grund gut ist, weiß ich nunmehr, da das Haus so lange Zeit steht, überzeugender, als es die wissen konnten, die ihn legen sahen. (V. S. 110.) Und nun gebraucht Lessing gegen diejenigen Exegeten, die neuerungssüchtig nur im Grunde wühlen, folgendes für seine Betrachtungsweise charakteristische Bild: „Gesetzt, der Tempel der Diana zu Ephesus stün-

---

[8]S. Herders s. W. Thl. XVI, S. 260. Cottaische Ausg. 1830

de noch in seiner ganzen Pracht vor uns. Nun fände sich in alten Nachrichten, daß er auf einer Grundlage von Kohlen ruhe; sogar der Name des weisen [79] Mannes wäre noch bekannt, der zu einer so sonderbaren Grundfeste den Rath gegeben. Eine Grundlage von Kohlen! von morschen, zerreiblichen Kohlen! Doch darüber wäre ich hinweg; ich begriffe sogar, daß Theodorus wohl so uneben nicht geurtheilt haben möchte, daß Kohlen, wenn sie die Holznatur abgelegt, den Anfällen der Feuchtigkeit widerstehen müßten. Sollte ich wohl, bei aller dieser wahrscheinlichen Vermuthung *a priori* an der ganzen historischen Aussage desselben zweifeln, weil die verschiedenen Urheber derselben über die Kohlen selbst etwa nicht einig wären? weil Plinius etwa sagte, es wären ölbaumene Kohlen gewesen; Pausanias aber von ellernen und Vitruvius von eichenen Kohlen spräche? O der Thoren, die diesen Widerspruch, so Widerspruch als er ist, für wichtig genug hielten, den Grund an zwanzig Orten aufzugraben, um doch nur eine Kohle herauszuziehen, in deren vom Feuer zerrütteten Textur eben sowohl der Oelbaum als die Eiche und Eller zu erkennen wäre! O der Erzthoren, die lieber über eine vieldeutige Textur von Kohlen streiten, als die große Ebenmasse des Tempels bewundern wollten! — Ich lobe mir, was über der Erde steht, und nicht was unter der Erde verborgen liegt. Vergib es mir, lieber Baumeister, daß ich von diesem weiter nichts wissen mag, als daß er gut und fest sein muß; denn es trägt, und trägt so lange! Ist noch keine Mauer, keine Säule, keine Thüre aus dem ersten Winkel gewichen: so ist dieser Winkel freilich ein augenscheinlicher Beweis von dem unwandelbaren Grunde; aber er ist darum doch nicht die Schönheit des Ganzen. An dieser, an dieser will ich meine Betrachtungen weiden; in dieser, in dieser will ich dich preisen, lieber Baumeister! [80] Preisen auch, wenn es möglich wäre, daß die ganze schöne Masse gar keinen Grund hätte, oder doch nur auf lauter Seifenblasen ruhete.

Wann wird man aufhören, ruft Lessing zürnend seinen Zeitgenossen zu, an den Faden einer Spinne nichts weniger als die ganze Ewigkeit hängen zu wollen! Nein so tiefe Wunden hat die scholastische Dogmatik der Religion nie geschlagen, als die historische Exegetik ihr jetzt täglich schlägt. (V. 110, 113.)

Am meisten Eindruck machte auf mich jene witzige Parabel, mit welcher Lessing seinen Feinden wie unter klingendem Gedankenspiel entgegenzog. Sie mag hier von Neuem in Erinnerung gebracht werden:

Ein weiser, thätiger König eines großen, großen Reiches hatte in seiner Hauptstadt einen Palast von unermeßlichem Umfange, von ganz besonderer Architektur. Unermeßlich war der Umfang, weil er in selbem alle um sich versammelt hatte, die er als Gehülfen oder Werkzeuge seiner Regierung brauchte. Sonderbar war die Architektur, denn sie stritt so ziemlich mit allen angenommenen Regeln; aber sie gefiel doch, und entsprach doch. Sie gefiel: vornehmlich durch die Bewunderung, welche Einfalt und Größe erregen, wenn sie Reichthum und Schmuck mehr zu verachten als zu entbehren scheinen. Sie entsprach durch Dauer und Bequemlichkeit. Der ganze Palast stand nach vielen, vielen Jahren noch in eben der Reinlichkeit und Vollständigkeit da, mit welcher die Baumeister die letzte Hand angelegt hatten: von außen ein wenig unverständlich; von Innen überall Licht und Zusammenhang. [81]

Was Kenner von Architektur seyn wollten, ward besonders durch die Außenseite beleidigt, welche mit wenigen hin und her zerstreuten, großen und kleinen, runden und viereckigen Fenstern unterbrochen waren; dafür aber desto mehr Thüren und Thore von mancherlei Form und Größe hatten.

Man begriff nicht, wie durch so wenige Fenster in so viele Gemächer genügsames Licht kommen könne. Denn daß die vornehmsten derselben ihr Licht von oben empfingen, wollte den wenigsten zu Sinne.

Man begriff nicht, wozu so viele und vielerlei Eingänge nöthig wären, da ein großes Portal auf jeder Seite ja wohl schicklicher wäre, und eben die Dienste thun würde. Denn daß durch die mehreren kleinern Eingänge ein jeder, der in den Palast gerufen würde, auf dem kürzesten und unfehlbarsten Wege gerade dahin gelangen solle, wo man seiner bedürfe, wollte den Wenigsten zu Sinne.

Und so entstand unter den vermeinten Kennern mancherlei Streit, den gemeiniglich diejenigen am heftigsten führten, die von dem Innern des Palastes viel zu sehen, die wenigste Gelegenheit gehabt hatten.

Auch war da etwas, wovon man bei dem ersten Anblicke geglaubt hätte, daß es den Streit nothwendig sehr leicht und kurz machen müsse; was ihn aber gerade am meisten verwickelte, was ihm gerade zur hartnäckigsten Fortsetzung die reichste Nahrung verschaffte. Man glaubte nämlich verschiedene alte Grundrisse zu haben, die sich von den ersten Baumeistern des Palastes herschreiben sollten; und diese Grundrisse fanden sich mit Worten [82] und Zeichen bemerkt, deren Sprache und Charakteristik so gut als verloren war.

Ein Jeder erklärte sich daher diese Worte und Zeichen nach eigenem Gefallen. Ein Jeder setzte sich daher aus diesen alten Grundrissen einen beliebigen neuen zusammen, für welchen neuen nicht selten dieser und jener sich so hinreißen ließ, daß er nicht allein selbst darauf schwor, sondern auch andere darauf zu schwören bald beredete, bald zwang.

Nur wenige sagten: Was gehen uns eure Grundrisse an? Dieser oder ein anderer: sie sind uns alle gleich. Genug, daß wir jeden Augenblick erfahren, daß die gütigste Weisheit den ganzen Palast erfüllt, und daß sich aus ihm nichts als Schönheit und Ordnung und Wohlstand auf das ganze Land verbreitet.

Sie kamen oft schlecht an, diese Wenigen! Denn wenn sie lachenden Muths manchmal einen von den besondern Grundrissen ein wenig näher beleuchteten, so wurden sie von denen, welche auf diesen Grundriß geschworen hatten, für Mordbrenner des Palastes selbst ausgeschrieen.

Aber sie kehrten sich daran nicht, und wurden gerade dadurch am geschicktesten, denjenigen zugesellt zu werden, die innerhalb des Palastes arbeiteten, und weder Zeit noch Lust hatten, sich in Streitigkeiten zu mengen, die für sie keine waren.

Einsmals, als der Streit über die Grundrisse nicht sowohl beigelegt als eingeschlummert war, — einsmals um Mitternacht erscholl plötzlich die Stimme der Wächter: Feuer! Feuer in dem Palaste! Und was geschah? Da fuhr jeder von seinem Lager; und jeder als wäre das Feuer nicht in dem Palaste, [83] sondern in seinem eigenen Hause, lief nach dem Kostbarsten was er zu haben glaubte — nach seinem Grundrisse. „Laßt uns den nur retten! dachte jeder! Der Palast kann dort nicht eigentlicher verbrennen, als er hier steht!"

Und so lief ein jeder mit seinem Grundrisse auf die Straße, wo, anstatt dem Palaste zu Hülfe zu eilen, einer dem andern es vorher in seinem Grundrisse zeigen wollte, wo der Palast vermuthlich brenne.

„Sieh', Nachbar! hier brennt er! Hier ist dem Feuer am besten beizukommen. — Oder hier vielmehr, Nachbar, hier! — Wo denkt ihr beide hin? Er brennt hier! Was hätte es für Noth, wenn er da brennte? Aber er brennt gewiß hier! — Lösch' ihn hier, wer da will. Ich lösch' ihn hier nicht. — Und ich hier nicht! — Und ich hier nicht!" Ueber diese geschäftigen Zänker hätte er auch wirklich abbrennen können, der Palast, wenn er gebrannt hätte. — Aber die erschrockenen Wächter hatten ein Nordlicht für eine Feuersbrunst gehalten. —

Der geistreiche Spott in dieser Lessing'schen Parabel hat mich einst unbedingt entzückt; damals nämlich, als ich gegen alle Orthodoxie, also auch gegen die lutherische, eingenommen war, und mit Lessing der Zeit eines neuen Evangeliums entgegensah. Jetzt wird mir klar, wie das alte Evangelium das ewig neue ist, und es nichts bedarf, als daß man in ihm lebe und webe, um seine ewige Gotteskraft zu erfahren. Lessing verstand unter der christlichen Religion „alle diejenigen Glaubenslehren, welche in den Symbolis der ersten vier Jahrhunderte der christlichen Kirche enthalten sind." Ich aber frage: mit welchem Recht verwirft man die Symbole [84] späterer Jahrhunderte, wenn man die der früheren aner-

kennt? Später, sagt man, wurde Gottes Wort getrübt und ver-
fälscht durch Menschensatzungen. — Man beweise mir das!
— Den Beweis fordernd erinnere ich mich, was in dieser Hinsicht von protestantischen Theologen auf Universitäten bei-
gebracht zu werden pflegt.

Päpstliche Anmaßung und Herrschsucht, blinder Wunder-
glaube, mönchische Scholastik und dergleichen bilden dabei
die Stichworte. Das Abendmahl z. B. anbelangend, wird gelehrt: Paschasius Radbertus, Abt zu Corbie, stellte im neun-
ten Jahrhundert den Lehrbegriff auf, daß die Substanz des
geweihten Brodes und Weines in die Substanz des Leibes
und Blutes Jesu Christi verwandelt werde. Dem stupiden
Wunderglauben des Zeitalters habe diese Neuerung zuge-
sagt, und so sey sie herrschende Ansicht, stehende Lehre geworden. Dagegen frage ich, wie ist's nur möglich, daß sich
die ganze Kirche auf einmal den Einfall eines Mönches auf-
bürden läßt; eine Kirche, in welcher die Reihe rechtmäßi-
ger Organe der Bewahrung und Auslegung hinsichtlich der
Lehre, niemals unterbrochen ward; in welcher der Strom der
Ueberlieferung niemals stillstand? Und wie will man es erklären, daß im fernsten Orient, wohin schwerlich jemals des
Paschasius Name gedrungen, unter Secten, die sich Jahrhunderte vor Paschasius von der allgemeinen Kirche getrennt
hatten, doch die katholische Abendmahlsfeier wieder gefunden ward? Lessing hatte den orthodoren Lutheranern gegenüber ausgerufen: Großer Gott! laß mich nie so rechtgläubig
werden, daß ich nie so vermessen werde! So rufe ich jetzt gegen die Orthodoxen und Heterodoxen unter ihnen zugleich
in meinem Herzen: [85] Großer Gott, laß mich nie so vernünf-

tig werden, daß ich nie von der Menschheit so thöricht denke!
So hat man auch behauptet, es habe einst Dichter gegeben, die
Wunders viel zu sagen wußten von dem hohen Olymp und
seiner Götterwelt. Das dumme Volk habe alles für baare Mün-
ze genommen, und so seyen die polytheistischen Religionen
entstanden. Die Zeit, wo man so leichten Kaufes sich gewicht-
voller Dinge entledigt, ist vorüber, und die Forderung, die Sache ernster zu nehmen, kann nicht mehr erlaßen werden.

Die Ausschließung der Laien von der Theilnahme des Kel-
ches, hat man mich gelehrt, gehört mit zu den unerhörten
Neuerungen des Papismus. Und in der That, eine unerhörte,
nie zu entschuldigende Neuerung würde es seyn, wenn die
katholische Kirche jemals den Kelch überhaupt aufgegeben
hätte. Sie hat ihn eben fortwährend im täglichen Meßopfer;
und wenn ihn nur der celebrirende Priester genießt, so ist zu
beachten, daß dieser im Namen der Gemeinde handelt, und
daß bei der heiligen Opferhandlung Alle in dem Herrn Ein
Herz und Eine Seele sind. Uebrigens haben auch billig den-
kende protestantische Theologen anerkannt, die Lehre von
der Gegenwart des ganzen Christus im Brode rechtfertige die
Entziehung des Layenkelches bei den Gründen, welche die
Kirche hiefür geltend macht, die nicht in päpstlicher Anmaßung, sondern in Ehrfurcht vor dem Sacramente liegen.

So will sich mir ein Bedenken nach dem andern lösen. Bei
der Leichtigkeit, mit welcher sich am Ende für jeden, der
guten Willens ist, diese Lösung ergibt, muß ich mich wundern, woher denn doch der ungeheure Haß, [86] mit dem
die katholische Kirche, in fast allen ihren Institutionen, von
Seiten der Protestanten angesehen und beurteilt wird. Wohl

92

mag der Anblick derselben in vieler Beziehung ein trauriger gewesen seyn, als Luther in Reformationseifer erglühte. Statt diesen Eifer mit Weisheit zu mäßigen und mit allen Tugenden eines Kirchenvaters sein Werk zu betreiben, ließ er sich leidenschaftlich von ihm beherrschen, so daß er zuletzt in blinder Wuth gegen die alte Hierarchie entbrannte. Konnte er doch so weit gehen, zu behaupten, das Papstthum sey vom Teufel gestiftet, und der Papst der leibhaftige Antichrist! In jeder, auf Autorität gegründeten Gemeinschaft setzt sich der Geist ihres Stifters fort, *Deus vos impleat odio Papae!*[9] hatte Luther den in Schmalkalden Versammelten zugerufen. Dieses *odium* ist das Erbe, das Luther seinen Anhängern hinterlassen hat. Dazu kommt, daß der ganze hierarchische Bau für den, der nicht in seinem Innern steht, etwas Verwunderliches hat. „Was Kenner von Architectur seyn wollte," sagt Lessing in der Parabel, „ward besonders durch die Außenseiten beleidigt." Man begreift dies und jenes nicht, und alles Unbegriffene wirkt zurückstoßend. Was würde ein aus einer Luftregion auf die Erde versetztes Wesen zu unserer Natur sagen! Diese Berge, diese Ebenen, diese Pflanzen, diese Thiere! Heute Sonnenschein, morgen Regen! Jetzt Sommer, dann Winter. — Mein Gott, was sind das für Erscheinungen! — Und doch, wenn ein solches Wesen vor allen Dingen selbst irdische Natur annähme, und sich unterrichten ließe, wozu das alles da ist: würde es nicht alsbald die Weisheit des Schöpfers einer solchen Natur bewundern? Ein solches Wesen war ich, als ich, mit [87] alten Vorurtheilen, zum er-

---

[9] Gott möge euch mit Haß gegen den Papst erfüllen! (Hg.)

stenmal in eine katholische Kirche trat. Der reiche Schmuck des Altars, der Priester in seinem bunten Ornate, das Leviten- und Ministrantenwesen, das knieende, wie ich meinte, bethörte Volk, die Heiligenbilder, die Beichtstühle, alles kam mir so wunderlich vor, daß ich wahrhaft Bedauern hatte mit den armen Katholiken. Und doch sind es dieselben Formen und Gebräuche, die mich jetzt, wenn ich stiller Theilnehmer der katholischen Messe bin, zur Andacht entflammen. Warum? Weil ich sie begreife; weil ich sie im Zusammenhange mit der ganzen christlichen Lehre kennen gelernt habe. Die Kirche ist in ihrem Cultus gerade wie die ächte Menschennatur selbst: erhaben und einfältig zugleich, und darum den ganzen Menschen und alle Menschen befriedigend. Dies erfahre ich, seitdem ich mich ihrem Einfluße öffne.

5. Viertes Kapitel.

Aus Briefen an einen Jugendfreund, geschrieben in München in den Jahren 1832 und 1833.

1.

Von einer einsamen Gebirgsreise zurückgekehrt in die königliche Stadt an der Isar, gebe ich dir wieder einmal, nach alter Weise, ein Lebenszeichen. **Trinke Muth des reinen Lebens** — riefst du mir manchmal mit dem Dichter zu, wenn ich dir zu träumerisch einherging; ich setze jetzt das Wort desselben Dichters dagegen:

Wer wird denn Alles gleich ergründen?
Wenn der Schnee schmilzt, wird sich's finden;
— — — Sind's Rosen, nun sie werden blüh'n.

[88] Denn wisse, daß ich seit einiger Zeit viel in wunderbarlichen Geheimnissen lebe, oder vielmehr in Dingen, die einem Kinde offenbar seyn können, und doch uns Zöglingen des Zeitgeistes verborgen bleiben. Freund! laß es uns doch nicht läugnen: wir leben in einer furchtbaren Unnatur,

und geberden uns, als ob wir wunder wie weise wären. Was mich betrifft, so halte ich es für ein großes Glück, daß in mir ein gewisser fragender Geist thätig ist, der mich von Zeit zu Zeit aus dem Traume weckt; nicht als hätte ich allein solchen Geist; aber das ist mir vielleicht eigenthümlich, daß sein Wecken mit einer Art Versetzung in andere Gebiete verbunden ist, während Andere immer von derselben Stelle aus sich entfalten. Mir ist, als hätte der mich treibende Geist etwas mit dem Engel des Propheten gemein, der diesen nicht führte, sondern ohne weiters bei'm Schopf nahm und im Nu in weite Ferne entrückte. Doch ich wollte dir etwas von meiner Reise erzählen. So höre denn!

Als ich eines Morgens über einen Gebirgsrücken steigen wollte, um an dem drüben gelegenen See einige Tage zuzubringen, klopfte ich am Fuße der Höhe an einem einsamen Bauernhause an, um mich näher nach dem Wege zu erkundigen, den ich zu gehen hätte. Ein freundliches Mütterchen trat aus dem Hause und gab mir möglichst genaue Auskunft. Zum Hauptmerkzeichen machte sie mir eine Waldkapelle, von wo aus ich nicht mehr fehlen könne. Dankend schied ich von ihr; doch kaum hatte ich mich einige hundert Schritte weit entfernt, als sie mir zurief, ich möchte warten, und selbst keuchend mir entgegen kam. Ich meinte, sie hätte noch etwas in Betreff der Wegweisung zu erinnern; allein [89] alles was sie mir zu sagen hatte, war dieses: „Wenn du zur Kapelle kommst, darfst schon ein Vaterunser beten; 's ist gar eine schöne Mutter Gottes d'rin." Die lieblich ernste, treuherzige Weise, womit sie mir diesen guten Rath gab, rührte mich unaussprechlich, und ich versprach ihm zu folgen.

Nach ungefähr zwei Stunden mühseligen Steigens erreichte ich glücklich den heiligen Ort; ich trat ein, und kniete nieder zum Gebet. Das Muttergottesbild war mit frischen Blumen geziert, zum Zeichen, daß kurz vor mir eine fromme Seele ihre Andacht hier verrichtet hatte. Eine von diesen Blumen fassend, sprach ich in feierlicher Stimmung: Bei dieser der Gebenedeiten geopferten Blume des Feldes, gelobe ich, daß ich in Gebetsgemeinschaft treten will mit allen gläubigen Verehrern Gottes des Allerhöchsten. Und nun betete ich mit dem Vaterunser zugleich den englischen Gruß. Und wie ich so in der stillen Waldkapelle die Mutter Gottes grüßte, war es, als käme der Herr im Säuseln des Windes, mich zu erfüllen mit seinem Geiste; es ward eine große Stille in meinem Herzen, wie ich es lange nicht mehr erfahren hatte. Ich trat hinaus in den Wald, mich weidend an dem wunderbaren Schweigen der Natur, zu welchem das ferne Glockenspiel weidender Heerden gar lieblich stimmte; an dem tiefen Blau des Himmels, und den über grünen Wipfeln hervorragenden schneeigen Felsenhöhen. Das Buch der Schöpfung, sagt einer unsrer tiefsten Denker, enthält Exempel allgemeiner Begriffe, die Gott der Creatur durch die Creatur hat offenbaren wollen. Diese Begriffe, setzte ich jetzt betrachtend hinzu, sind von der Art, daß sich der Mensch, wenn sie ihm klar werden, in seinem Alltagsleben wahrhaft [90] beschämt sieht. In Einzelnheiten auseinander gehalten, fehlt seinem Bewußtseyn jener eine Ton von unermeßlicher Höhe und Tiefe, der im Allleben der Natur klingt. Hier in den Wunderbildern von unendlicher Kraft, wo auch das Abenteuerlichste, ja das Häßlichste und Abgeschmackteste nicht mehr stört, weil alles mit einander in lebendiger Fülle erscheint; hier „wo die Einheit des Urhebers sich in dem Dialecte seiner Werke spiegelt," kommt es in einem empfänglichen Gemüthe zu einer Sammlung, in welcher man helle Blicke thut in das verlorne Paradies der Menschheit. Wie gebannt an die heilige Stätte ging ich wieder in die Kapelle zurück. Zu beten wußte ich nicht viel; da stellte ich denn Betrachtungen über mein vergangenes Leben an. Dein Elend, sagte ich mir, besteht hauptsächlich darin, daß es dir in deinem Verhältniß zu Gott und der Menschheit an der rechten Vermittlung fehlt. Dir selbst überlassen, machst du bald diesen, bald jenen Plan; was hast du aber im Grunde mehr davon, als das Gefühl, wie gar eitel alles ist? Einst war eine protestantische Pastoral-Idylle dein Ideal; jetzt interessirt dich der dramatische Charakter der katholischen Kirche; und doch — wenn auch diese Richtung mir später wieder als Täuschung erschiene? Ich fühle einen geheimen Zug zu den Menschen, die überall, im Thale und auf der Höhe, ihre heiligen Oerter haben, deren Kirchen frommen Betern stets offen stehen, die ihr Heiligthum auch wirklich heilig halten; zu den Christen, deren Priester in der geweihten Hand ein Geheimniß tragen, das, recht gebraucht, überall Schmerzen stillt und Wunden heilt; zu der Kirche, die wahrhaft Mittelpunkt und Umkreis hat, wo ununterbrochen der Strom der [91] Ueberlieferung fließt, und die ganze christliche Vergangenheit lebendige Gegenwart ist. Doch, ist's dir auch gegeben, diesem Zuge zu folgen? — Bei dieser Frage mich umschauend in der Kapelle, gewahrte ich an der Wand manche von Fremden hingeschriebene Namen, Sprüche und Verse. Ich las, und das Erste was ich las, war — wer sollte es glauben? — ein Spott auf die

98

katholische Kirche. So trägt also, rief ich entrüstet, auch dieses einsame Waldgebirg Spuren der gehässigen Polemik, die Alles Erhabene, sobald es kirchlicher Art ist, in den Staub ziehen möchte. Fromme Menschen haben diese Mauern errichtet zur Ehre Gottes und zur geistigen Erquickung des Wanderers; aber die Einladung sich zu erbauen, muß zur Gelegenheit werden, Hohn und Spott zu üben! — wie abscheulich! Mir war, als wär' ich zur Versöhnung dieses Frevels in die Kapelle gesandt; darum tilgte ich das elende Geschreibsel und setzte an seine Stelle einige erbauliche Verse mit der Unterschrift: „Von einem Wanderer protestantischer Confession, der in diesem Heiligthume katholisch gebetet hat." Als ich mich endlich entschließen mußte, meine Reise fortzusetzen, war es mir, als hätte sich mein Herz erweitert, und dankbar gedachte ich des alten Mütterchens, das mich wie durch Eingebung des heiligen Geistes auf so besondere Weise an die Kapelle gewiesen und zum Beten aufgefordert hatte. Auch begleitete mich das Andenken an dieses Mütterchen auf der ganzen übrigen Reise; so oft ich vom Thale aus eine hochgelegene Kirche oder Kapelle erblickte, sagte ich mir: Steig' hinauf; vielleicht ist eine schöne Mutter Gottes d'rin. Du siehst, lieber Freund, es hat nichts geholfen, [92] daß ich von den Büchern mich losriß, die mich in den Würzgarten der altkatholischen Theologie versetzt hatten; ich finde im Gegentheil ohne Bücher noch mächtigere Anregung. Der Gott der Katholiken ist in der That ein sehr zuthätiger Gott, so zuthätig, daß man sich seiner kaum erwehren kann. Man findet ihn überall: in der Kirche, zu Hause, in Büchern, auf dem Wege; und wer ihn erst in seinem Herzen gefunden, kann nimmer von ihm lassen. Ich habe es zum Theil schon erfahren, wie wahr und schön das ist, was ich in diesen Tagen bei Hugo von St. Victor gelesen. „Du fragst, wo die Wohnung des Allerhöchsten sey; wo man ihn in seinem eigenen Hause finde? Das Haus Gottes ist die ganze Welt, das Haus Gottes ist die katholische Kirche, das Haus Gottes ist auch jede gläubige Seele. Aber anders ist er in der Welt, anders in der Kirche, anders in der gläubigen Seele. In der Welt ist er, wie der Gebieter in seinem Reiche; in der Kirche, wie der Hausvater in seiner Familie; in der Seele, wie der Bräutigam in der Brautkammer. — Wir alle sind in seinem Hause vermöge der Schöpfung, durch die er uns das Daseyn gegeben; wir sind in seinem Hause kraft des Glaubens, durch den er uns berufen; wir sind in seinem Hause durch die Liebe, in der er uns geheiligt hat. Bist du im Hause Gottes nur durch die Schöpfung, so ist auch der Versucher mit dir. Bist du im Hause Gottes nur durch den Glauben, so ist auch Spreu unter dem Waizen auf deiner Tenne. Bist du aber im Hause Gottes durch die Liebe — selig bist du alsdann; denn nun bist du nicht blos im Hause Gottes; du hast schon angefangen selbst ein Haus Gottes zu seyn, auf daß der, so dich [93] geschaffen, nun auch mit dir und in dir wohne. Dieß ist die Wohnung des Heils, dieß die Gezelte der Gerechten, in welchen die Stimme der Freude und des Jubels nie verhallt. Hat nun diese Herberge in uns sich aufgethan, so wollen wir auch einkehren und bei ihm , wohnen. Dort werden wir Frieden finden und Ruhe, wo der zu wohnen sich herabgelassen, dessen Stätte in Frieden bereitet worden. Hat er aber noch nicht in uns Wohnung genommen, so lasset uns sie ihm erbauen; denn wenn wir ihm nur die Stätte bereiten, so kommt er gern zu uns, der uns ja darum erschaffen hat, daß unser Herr Jesus Christus in uns wohnen könne."

Mir hat diese kirchenväterliche Sprache gegenwärtig etwas ungemein Zusagendes. Fühlst du nicht auch, daß das etwas Anderes ist, als pietistisches Schmachten? Im Uebrigen hat der Protestantismus die Zeit der Richter im alten Bunde erneuert. Immer ist die Frage: wer wird den Krieg führen? (Richt. I., 1. XXI., 25.) Die Wahrheit aber ist lieblich wie die Hütten Kedar's, wie die Teppiche Salomons. Ich will singen das Lied der Liebe; darum ist mir der Scheidebrief verhaßt, den meine Väter der katholischen Kirche gegeben haben.

2.

Freund! das Zeichen dieser Zeit ist mir keine Wetterfahne; und wenn auch manche sich leichtfertig hin und her wenden — ich weiß es zu ehren, daß die besten meiner Zeitgenossen nach Begründung streben. Erlaubet auch mir, auf die meinen Bedürfnissen entsprechende Weise mich zu begründen. Lange genug habe ich nach einem sichern Standpunkt gerungen; was mir darüber klar geworden, ist dieses: [94] Es gibt nur zwei ganz konsequente Richtungen; die eine finde ich ausgeprägt im katholischen Christenthum, die andere im radikalen Rationalismus. Von einem und demselben Prinzip aus ist in der katholischen Kirche alles, ja alles bis in die kleinsten Verhältnisse hinein, bestimmt und geordnet; nie hat man da gefragt: ist's auch vernünftig? ist's schön und zusagend? sondern immer nur: was ist überliefert? was durch göttliche Auctorität begründet? Dem so Gegebenen, so Begründeten hat man sich gläubig unterworfen, ohne die Härten, die jede Consequenz hat, zu scheuen; und so ist das katholische Kirchenthum geworden. Diesem gegenüber steht der Rationalismus in ähnlicher Consequenz; aber es ist zunächst die Consequenz des Negirens alles Positiven, und dann des Construirens einer Gedankenwelt, in welcher der absolute Vernunft-Abgott an die Stelle des persönlichen Schöpfers Himmels und der Erde tritt. So treibt hier der Geist, der stets verneint, sein Wesen; aber er treibt es mit Consequenz, und eben das ist es, wodurch er viele, die Sinn haben für Consequenz, umstrickt und fesselt. Mir graust vor dem Abgrunde einer solchen Gedankenwelt; und da auch mir Sinn für Consequenz gegeben ist, so halte ich mich an die des ruhigen klaren Stroms der kirchlichen Überlieferung.

Du erinnerst mich an das Wort: an ihren Früchten sollt ihr sie erkennen, und fragst: wer hat die deutsche Sprache cultivirt? wer die dornenvolle Arbeit des Denkens übernommen? wer eine reichhaltige Literatur geliefert? Ich dagegen sage: von all dem ist im Christenthum zunächst überhaupt nicht die Rede. Christenthum ist die Wissenschaft und Kunst des frommen Lebens; diese [95] kannte das Heidenthum nicht, während es Dichter und Philosophen, und eine ganze klassische Literatur hatte. Der außer der Tradition Stehende ist gewissermaßen genöthigt, sich aus Nichts eine Welt zu machen, das heißt zu dichten und zu trachten — zu produciren. Dem in der Tradition Lebenden ist das Leben selbst das höchste Gedicht, „wie es ihm fortwährend gegeben wird durch den Schöpfungsproceß Gottes." Er steht mitten darin, genießt all seinen Reichthum und fühlt keinen Drang in sich, etwas

Neues zu zeugen, da er ja Alles schon hat. Aber trunken vom Genusse, schaut er das schöne, ewige, einzig wahre Gedicht fortwährend an, möchte allen Wesen seine Freude mittheilen, allen das, was ihn so glücklich macht, zeigen, und gibt die schöne Welt, in der er lebt, im Bilde wieder. Er wird Maler oder Bildhauer; seine Dichtkunst ist Malerei oder Bildnerei. Ihm ist das Leben zur Anschauung gegeben, und er bildet es wieder; durchdrungen von ihm, ist ihm Alles alt, aber zugleich, weil sich das alte Leben immer wieder neu gestaltet, Alles neu. Was ihm neu wird, ist das Abbild seines Lebens selbst, und sein Gedicht ist kein neues Product, sondern nur das Abbild von etwas Gegebenem. Durchdrungen vom Leben fühlt er kein Bedürfnis, es selbst zu zeugen; er lebt im Leben selbst und fürchtet nicht es zu verlieren, kämpft nicht den furchtbar-riesenhaften Kampf, etwas, das ihm fortwährend entschwinden will, weil es nicht sein ist, festzuhalten, sondern, was ihm zum Eigenthum gegeben ist, genießt er ruhig. Und nur, wenn ihm in seiner schönen Welt eine andere entgegentritt, ihm diese streitig zu machen, wehrt er sich um sein Gut und durchdringt die fremde Welt, um sie in ihrer Unwahrheit [96] zu zeigen. — Er baut kein System, sondern durchdringt mit seinem Leben die außer ihm gemachten, und indem sein Leben sie zersprengt, zeigt sich, daß sie nicht vom Leben, also auch nicht von der Wahrheit sind. Aber ohne Bedeutung können ihm die gebauten Systeme nicht seyn; er muß sie kennen, um sie zu widerlegen. Ja, sie haben auch noch höhere Bedeutung für ihn. Selbst im Leben lebend, schaut er dieses fortwährend; er fühlt sich nicht von ihm getrennt. An sich selbst kann sich das Leben nicht

reflectiren. Da reflectirt es sich an dem, was außer ihm ist, an den Systemen, und wird ihm aus einem angeschauten ein bewußtes. Wer sein Leben nicht an einem Leben außer ihm gebrochen sieht, wird desselben nie bewußt werden. Das ist ihm die große Bestimmung der Systeme, und dafür weiß er ihnen Dank. Selbst aber baut er sich kein System, denn er weiß, daß das Leben alles Lebens wohl verstanden, aber als solches nie begriffen werden kann. Und wenn er, vom System belehrt, sein eigen Leben zu durchdringen sucht, durchdringt er nur einzelne Theile, indem er weiß, daß er das Ganze, als das Unermeßliche, nicht im System zu durchdringen vermag. Aber dann geht auch diese Durchdringung in die tiefste Tiefe dieses Lebens; denn er steht ja mitten in ihr; und was kein System zu denken vermag, vermag er. Er darf nicht seine beste Kraft erst am Ganzen zersplittern, daß es ihm nicht entfliehe. Es entflieht ihm nicht; und während er in seine Tiefen dringt, strömt vom Ganzen ihm immerwährend neue Kraft zu. Er bebt nicht, den Faden außer Acht zu lassen und dann ihn auf immer zu verlieren; wo er hinschaut, findet er den Faden immer wieder. Aber während der im Leben Stehende [97] ohne ein System dennoch immer das Tiefste durchdringt, mag es auch kommen, daß ein anderer schwächerer Geist im Vertrauen auf das Leben, in dem er lebt, sich mit der Oberfläche begnügt, statt der Tiefe nur den schimmernden Spiegel derselben wiedergibt, der wohl sagt, daß er der Spiegel einer Tiefe sey, durch seinen schimmernden Glanz aber nicht in sie sehen läßt und selbst nicht in sie sieht.
So hat sich mir ein, wenn auch junger, doch im katholischen Leben erfahrner Freund hierüber ausgesprochen: Leopold

104

Schmid, in seinen Vorlesungen über die Bedeutung der he-
bräischen Sprache. Ich habe absichtlich hierüber nicht selbst
geredet, sondern Einen sprechen lassen, der Katholik von
Haus aus ist, damit du mir nicht sagen kannst, ich rede von
diesen Dingen in einer Weise, an welche vielleicht gar kein
Katholik denkt. Du siehst, der Begriff der Ueberlieferung
geht tiefer und weiter, als er gewöhnlich von euch gedacht
wird. Es handelt sich nämlich dabei nicht blos um Einiges,
was nicht gerade in der Schrift steht, sondern um das, was
auch das geschriebene Wort lebendig macht. Das Leben und
Weben in dem, was Gott in der Menschheit niedergelegt hat,
damit sein Gedanke von ihr gedacht werde, und sein Reich in
ihr bestehe: das ist das Thun des Traditionsgläubigen. Darum
hat die katholische Kirche zwar keine heidnischen Dichter,
wie ihr, aber desto mehr christliche Künstler; keine weltcon-
struirenden Philosophen, wohl aber in die Tiefen des Lebens
eingehende Denker, zur Höhe der Anschauung sich erheben-
de Seher. Ich habe es an mir selbst erlebt, wie da, wo die Kategorien des Gebens und Nehmens und des Zurückgebens
[98] des ausgewirkten An- und Aufgenommenen zerrissen
und verkehrt sind, ein abenteuerliches Drängen und Treiben
entsteht, eine babylonische Verwirrung der Art, daß man am
Ende sich selbst nicht mehr versteht. Im Leben der Traditionsgläubigen ist alles unter diese Kategorien gestellt; und wenn
es gleich gar viele nicht zum Auswirken des Aufgegebenen
bringen, so ist doch immer die Gabe auf das bestimmteste zur
Aufgabe gemacht, so daß diese keine Entschuldigung haben.
Ich fühle mich, da ich auf dem Wege gnadenreicher Führung
zum Glauben der Kirche gelange, in all dem auch auf be-

sondere Weise verpflichtet. Wehe mir, wenn mich der Strom nicht trüge, der mich führen soll in's Meer des seligen Lebens! Du aber, mein Freund! mache dir nicht unnöthigen Kummer; freue dich vielmehr, daß mir Gott einen Tisch bereitet in der Wüste, durch die ich wandern mußte; daß er das Holz mir gezeigt hat, welches die bittern Wasser süß macht; daß er die Lieblichkeit seiner Wohnungen mir zu genießen gibt. Denn wisse, ich bin bereit, an seinen Altären meinen Eintritt in die katholische Kirche zu geloben. Ist mir dieser gestattet, dann will ich besingen die Erbarmungen des Herrn ewiglich, und seine Wahrheit verkündigen mit meinem Munde für und für. (Ps. 88.)

3.

Den 1. Dezember

Herr, erwähle meine Seele
Wie ein Bräutigam die Braut,
Denn hienieden findet Frieden
Nur wer Dir ist angetraut.

Dein Erwählen ist Vermählen,
Ist fürwahr ein Liebesbund;
Wer Dir trauet hat gebauet
Auf den rechten Felsengrund.

Dein Gewähren ist Verklären,
Ist der Aufgang aus der Höh

106

Aus dem Horte Deiner Worte
Quillt mir Heil für jeglich Weh.

Wie der Reben blühend Weben,
Die dem Weinstock einverleibt:
So gedeihet wer geweihet
In Dir, in der Liebe bleibt.

Herr der Ehren, wer kann wehren
Deiner Liebe heil'ger Macht,
Wenn auf gnadenreichen Pfaden
Aus dem Traum die Seel' erwacht?

Wellenschäume sind die Träume
Von des Lebens ird'scher Lust;
D'rum erwähle, traute Seele,
Himmelsruh' an Seiner Brust.

Ich habe heute zum erstenmal gebeichtet und empfange morgen, zum Feste meiner *Professio fidei* das Sacrament des Altars. Ich bin in der Beichte zurückgegangen bis auf die Stunde, wo ich zum erstenmal gesündiget, und habe mein ganzes von Sünde und Irrthum getrübtes Leben offen dargelegt. Mein Beichtvater hat das *misereatur* über mich gebetet, und mich losgesprochen kraft göttlichen Auftrages; und hat mit rührender Theilnahme zu Gott gefleht, daß Er in mir entzünden wolle das Feuer der Liebe, daß ich Ein Geist mit Ihm werde durch die schmelzende Kraft der Liebe. Heimgekehrt auf mein Zimmer, fand ich dasselbe von einem Freunde

wundervoll geschmückt mit Heiligenbildern und Blumenge-
winden, und beleuchtet mit brennenden Lampen. Vor dem
Bilde des göttlichen Erlösers und seiner Mutter habe ich bis
gegen Mitternacht in Gebet und Betrachtungen verweilt, und
rufe nun im Geiste dich herbei, dich zu überzeugen, daß
meine Bekehrung kein Wahn [100] sey. So ruhig ist es nie in
meiner Seele gewesen; und hätte ich die Gewißheit, daß auch
diejenigen, von denen ich mich kirchlich getrennt habe, mich
doch verstünden, und dürfte ich hoffen, daß auch sie das
bessere Theil erwählten: so fehlete mir nichts mehr zu meiner
Beseligung. Möge an uns allen der Wille Gottes geschehen
und sein Reich zu uns kommen! Das Reich Gottes ist in uns,
ist Friede und Freude in dem heiligen Geist. Beten wir für
einander, daß die Liebe, die alle Wunden heilt, uns auch als
Getrennte noch vereinige.

4.

Den 2. December.

Tausend Schmerzen in dem Herzen
Zog ich hin zur Ros' im Thal;
Und mein Warten in dem Garten
War ein süßes Freudenmahl.

In dem Garten, wo die harten
Herzen schmilzt der Liebe Gluth;
Wo im Bilde seiner Milde

Strahlt der Güter höchstes Gut.

Wo, wer büßet, wird geküsset
Mit dem Kuß von Seinem Mund;
Wo, wer leidet, wird geweidet,
Daß er ewig sey gesund.

Hab Erbarmen mit mir Armen,
Gib mir stets solch Himmelsbrod.
Solche Gaben wahrlich laben
Auch noch in der letzten Noth.

Die Seelenstimmung, für welche diese einfachen Verse zeugen, ist Frucht meiner gestrigen Communion. Ich bin nun über die Kluft, die sich zwischen mir und der Kirche aufgethan hatte, hinüber. Denn „hoffend [101] harrte ich auf den Herrn, und er nahm mich in Acht; und erhörete mein Gebet, und zog mich aus der Grube des Elends . . . . . . und stellte auf einen Felsen meine Füße, und leitete meine Schritte; und legte in meinen Mund ein neues Lied, Lobgesang auf unsern Gott."(Ps. 39).

Wunderbar, wie das Gemeinste im leiblichen Leben zum Zeichen wird für das Höchste und Tiefste im Geistesleben! Was ist alltäglicher, als die Worte: speisen, tränken, nähren? Und doch, welch ein Geheimniß schließen sie in sich in der Sprache des Glaubens. Eben so ist's mit dem Athmen. Das leibliche Athmen als Ein- und Ausathmen besteht, wie die Physiologen lehren, einerseits in einem beständigen Assimiliren der Lebenslust mit dem Blute des Leibes, und somit eigentlich in einer Verleiblichung der Luft, in einer Verwandlung der Luft in Fleisch und Blut, anderseits in einem beständigen Ausscheiden des Todten und Abgestorbenen im lebenden Leibe. Auch im Leben der Seele gibt es ein Athmen mit der doppelten Function, einmal, die Seele gleichsam zu überkleiden mit dem Geiste aus Gott, indem sie an sich zieht und in sich aufnimmt, wessen sie bedarf zur Ergänzung ihres Lebens, sodann zu absorbiren, was der höhere Lebensanhauch verzehrt und tödtet. Die Seele athmet im Aether des Geistes, wenn sie gehoben wird von Andachtsgluthen, und sie scheidet von ihrem Leben das Todte aus, wenn sie durch Buße ihr Heil wirket. Gebet und Buße: das sind die Organe ihrer Transformirung in das göttliche Leben. Während der Leib durch's Athmen aus der Atmosphäre nimmt, was er braucht zur Ergänzung und Erhaltung [102] seines Lebens, empfängt er zugleich aus der unteren Region des Geschaffenen in Speise und Trank die Nahrung, die er nöthig hat, um im Athmungsproceß nicht verzehrt zu werden. Denn eben weil die ausgeathmete Luft eine andere ist als die eingeathmete, indem der Sauerstoff der Luft mit jedem Athemzuge den zur Kohle werdenden Stoff unsers Leibes zu sich nimmt und verzehrt; so würde der Leib bald eine Beute dieses starken Essers werden, reichte der magnetische Faden, der alles Einzelne zu einem harmonisch beschlossenen Ganzen vereint, nicht hinabwärts von dem lebenden Leibe nach einer andern Seite der Körperlichkeit, d. h. würde der Leib, der nach oben hin sich beständig zur Speise darbeut, nicht selber auch nach unten hin zu einem Esser[1]. Auch der innere Mensch bedarf, damit das Band seiner Kräfte nicht auseinander gehe, des Gleichgewichts zwischen Nehmen und Geben; auch er muß, wie er sich einerseits zur Speise gibt, selber wieder Speise empfangen. Während nun der Gläubige im Reinigungsfeuer der Buße jenem Opfer gleicht, welches das Feuer des Himmels verzehrte, ergänzt er den Proceß seines Geisteslebens auf wundervolle Art durch Speisung von Dem, der sich uns substantiirt, damit wir uns in ihn transformiren. Siehe, das **Wort**, das im Anfang war, ist **Fleisch** geworden. **Fleischwerden**: was bedeutet das? Es heißt, nach biblischem Sprachgebrauch vor allem Knechtsgestalt annehmen, und diese Gestalt eben ist es, welche die Herrlichkeit des Herrn am herrlichsten offenbart. So geht das Licht spurlos durch weite, öde [103] Räume; da aber, wo es sich an der dunkeln planetarischen Masse bricht, wird es als Licht offenbar. Der Herr der Herrlichkeit bedurfte nicht der Knechtsgestalt; aber damit offenbar wurde, was die Liebe vermag, verkleidete er sich ins Gewand der Sterblichkeit. Und als er im Wetter des Leidens einging in Todesnacht, da war die Garbe gereift, welche das Brod des Lebens enthielt. **Fleischwerden** heißt also auch, seine eigene Substanz zur Lebensspeise machen. Das eben ist die Stärke der Vereinigung, die Christus mit den Gläubigen eingegangen, daß sie nicht nur auf seinem Wesen beruht, sondern daß dieses sein Wesen sich in ihr fortwährend als **lebendige Gegenwart** setzt. Sein Leben spendender Leib ist überall, wo **Er gewollt** hat, **daß er sey**. Es war sein letzter Wille, daß er

---

[1]Nach Schobert's Geschichte der Seele.

sich den Seinigen mit Gottheit und Menschheit zur Lebensspeise machte. Die Feier der damit der Menschheit erwiese-
nen Wohlthaten, als Feier der Verwandlung in sein Bild, ist
die Eucharistie. Hier gilt, was ich einst in den Schriften eines
Theosophen gelesen: „Die Sonne dringet mit all dem, was sie
an Kraft und Wesen ist, aus sich aus in die ganze Welt, und
gibt sich selber allen Elementen, Wesen und Creaturen, allen Kräutern und Bäumen, auch allem creatürlichen Leben,
und wirket in allem was sie nur annehmen will, und zerrei-
ßet sich doch selber nicht, wenn sie aus sich ausgeht und sich
den Kreaturen gibt, sie bleibet immerdar ganz, und gehet ihrem Wesen nichts ab. Also ist auch das Abendmahl Christi zu
verstehen. Das Kraut der Erde thut nichts, und kann nichts
thun ohne der Sonne Kraft; es hungert nur darnach, und in
denselben Hunger scheinet die [104] Sonne ein und zündet
den Geist des Krautes an. Sobald solches geschieht, so wirket sie drinnen, daß der Sonne Kraft im Kraute wesentlich
oder begreiflich wird, und mit demselben wächst, und dasselbe bewirkt und in Leiblichkeit wandelt; dadurch das Kraut
sonnisch (sonnenhaft) wird, und zur Frucht wirket."

Fürwahr, es gehört die ganze Blindheit des irdischen Sin-
nes dazu, um den innigen Lebensverkehr, in welchem das
nahrungsbedürftige Geschöpf zu seinem nährenden Princip
steht, zu verkennen, zu verschmähen. Wo dieser Verkehr unterhalten und gepflegt wird, da allein stellt sich auch das rechte Verhältniß zur Welt her. Die gläubige, vom Leib des Herrn
lebende Seele gleicht in ihrem Verhältniß zu Gott und der
Welt einem Gnadenbilde. Wie ein solches ein geheiligter Lei-
ter ist zwischen heilenden Kräften von oben und hilfsbedürf-

tigen kranken Herzen, so hat auch die Seele, als Sitz des aus der Materie erhobenen Gottesbildes, ein basisches Verhältniß zu Gott, und damit zugleich eine magische Beziehung zur Welt. In dieser Doppelbeziehung ist die Seele, die gläubige und liebende, nicht nur selbst ein Wunder, sie wird auch oft erwählet zum Wunderthun. Dafür zeugt das kirchliche Leben in unzählig vielen Beispielen.

Laß es dir gefallen, mein theurer Freund, daß ich mich über diesen wichtigen Gegenstand in etwas doktrineller Form gegen dich ausgesprochen habe. Ich liebe es sonst nicht, wie du weißt, daß ein Freund gegen den andern lehrend und abhandelnd auftrete. Aber jemehr dir daran gelegen seyn muß, dich über meine Conversion zu verständigen, desto weniger darf ich es scheuen, den Zusammenhang der Gedanken darzulegen, den ich in der [105] katholischen Lehre gefunden habe. Du pflegst zu fordern, daß man sich bei dem was man thut, auch etwas Vernünftiges müsse denken können; nun ich meine, daß der Parallelismus des Himmlischen und Irdischen, der, wie ich gezeigt, für uns im Abendmahle liegt, nichts Unververnünftiges sey; und wenn von dir noch irgendwie Einwendungen gemacht werden, so könnte dies nur etwa die Lehre von der Transsubstantiation und die daraus gezogenen Consequenzen betreffen; du könntest z. B. mit Hegel behaupten: daraus, daß in der Hostie Gott als „empirisches Ding" der religiösen Anbetung präsentirt werde, müssen sich nothwendig auch nur äußerliche, d. i. ungeistige Verhältnisse ergeben, und was die Communion selbst Innerliches und Geistiges voraus habe, scheitere wiederum an diesem ersten und höchsten Verhältniß der Aeußerlichkeit. Doch ich hoffe, du wirst deinen sonst offenen Sinn für Wahrheit nicht gerade in diesem Falle verleugnen. Nur ein ungläubiger Idealist kann behaupten, daß bei uns Gott als „empirisches Ding" der Anbetung präsentirt werde. Das soll er bei den Fetischdienern suchen; wir, für welche die Substanz des Brodes und Weines in die Substanz des Leibes und Blutes Christi verwandelt ist, beten nichts andres an, als den Fleischgewordenen Gott, und Unsinn ist nur da zu Hause, wo man meint, den Leib des Herrn zu empfangen ohne Consecration und Transsubstantiation. Hegel meint, durch unsere Lehre werde der Geist gebunden unter ein Außersichseyn, wodurch sein Begriff im Innersten verkannt und verkehrt, Recht und Gerechtigkeit, Sittlichkeit und Gewissen, Zurechnungsfähigkeit und Pflicht in ihrer Wurzel verdorben seyen. Ich lese darin nichts als das Bekenntniß, [106] daß jede Art des Glaubens an einen Gott, der außer dem menschlichen Bewußtseyn persönlich ist und als solcher angebetet wird, ein Greuel sey, und beschuldige darum diesen Philosophen des bösen Willens, die katholische Lehre zu nehmen, wie sie ist. Ihm gegenüber halte ich mich an das einfache Wort des Herrn; und konnte auch Luther nicht über dieses hinaus, so gern er um der „Papisten" willen darüber hinausgegangen wäre, so wird es wohl endlich einmal an der Zeit seyn, die aus „Papistenhaß" hervorgegangene Inkonsequenz aufzugeben, oder jenes Wort selbst anzugreifen, und also seine Stellung unabhängig von Christus und eigentlich über Christus zu nehmen. Kirchenglaube oder radikaler Rationalismus — es gibt für mich, um konsequent zu seyn, kein Drittes.

5.

Mein letztes Schreiben ist dir in sofern erfreulich gewesen, als es dir die Ueberzeugung gewährt, daß mir die Dogmen der katholischen Kirche keine bloße Umzäunung, sondern zugleich ein Feld freier Lebensthätigkeit sind, und du forderst mich auf, in meinen Mittheilungen fortzufahren, da es dich nicht wenig interessire, zu sehen, wie ein Freund, mit dem du früher in allem einig warst, sich in Dinge finden konnte, die deinem Geiste fremd sind, so wenig du auch mit denen übereinstimmen kannst, die in der katholischen Kirche weiter nichts sehen, als eine Anstalt für hierarchische Beknechtung und falsche Beruhigung. Namentlich wünschest du über zwei, die beiden Sakramente der Buße und des Abendmahls betreffende Punkte nähern Aufschluß. Du fragst, wie ich es habe über mich gewinnen können, die **Art** der Buße zu billigen, [107] die gegenwärtig in der katholischen Kirche üblich ist, wenn es gleich ein Vorzug seyn möchte, daß bei uns noch das Sacrament der Buße besteht. Ferner, welchen Begriff ich vom **Opfer** habe, diesem Stein des Anstoßes für alle Protestanten. Diese Fragen setzen mich keineswegs in Verlegenheit.

Die erste Frage anbelangend, geht deine Meinung, wenn ich dich recht verstehe, dahin, daß sich bei uns hinsichtlich der Buße allmählich eine laxe Praxis gebildet habe. In der älteren Kirche suchte man zwischen Schuld und Strafe ein Verhältniß festzustellen, und die ungeheure Strenge der Bußwerke bewies genugsam, daß man auch von der Schwere der Schuld den strengsten Begriff hatte. Dann aber fand sich, daß ein gleiches Verhältniß theils gar nicht herzustellen sey, theils, wenn auch, so gut es eben gehen wollte, hergestellt, doch nicht festgehalten werden könne, weil jeder einzelne Fall zu eigenthümlich bedingt erscheint, als daß es mit dem Unterordnen unter eine allgemeine Regel sein Bewenden haben könnte; dann auch, weil ein zwecklos fortgesetztes Büßen so wenig heilende Kraft hat, daß es eher wieder krank machen dürfte; und zwecklos ist es überall, wo es keine Beziehung mehr zur Heilung hat. Kurz, die Macht des wirklichen Lebens, vor allem das Emporkommen des Gefühls der persönlichen Freiheit, hat das alte Bußsystem verschlungen; aber weil die katholische Kirche nie etwas aufgibt, was einmal Daseyn in ihr gewonnen, begnügt sie sich nun mit dem dürftigen Schatten desselben, statt daß sie, durch Erfahrung belehrt, das Bekenntniß nicht hätte scheuen sollen: es gibt keine andere Gott wohlgefällige und dem Menschen heilsame Buße, als die [108] im Opfer des Eigenwillens, in der Umwandlung der Gesinnung bestehende, die dann von selbst zu guten Werken treibt. So lieber Freund, habe ich mir erlaubt deine Frage auszulegen, die einfach genommen, diese ist: Wie läßt es sich rechtfertigen, daß bei uns die Vergebung der Sünden geknüpft wird an die Verrichtung einzelner guter Werke, an Gebet, Fasten, Almosengeben u. s. w.? — Ich bin mir über so manches klarer geworden dadurch, daß ich einen schwierigen Begriff mit andern, mir bereits einleuchtenden Begriffen zusammenhielt, um durch Brechung an den andern, durch Zersetzung und Vergleichung seine tiefer liegenden Momente aufzufinden. So verglich ich z. B. die Sündenvergebung mit dem Begriff des Wunders, als ich einmal die Worte Christi las: „was ist leichter zu sagen: stehe auf und wandle, oder: dir sind deine Sünden vergeben?" Die Wunder, die einerseits die Durchbrechung einer Schranke sind, bedürfen doch auch wieder einer basischen Gebundenheit, damit die höhere Kraft in der niederen Sphäre sich manifestire; wie sich denn in allem gewordenen Leben eine Basis, eine Schranke findet, ein Stoff, an welchen die Lebensbewegung geknüpft ist. Moses gebraucht auf göttliches Geheiß zu seinen Wundern den Stab; an den Schlag des Stabes, an sein Ausstrecken der Hand über die Wasser scheint - die himmlische Gewalt geknüpft zu seyn.[2] Die bittern Quellen trinkbar zu machen, wird ein gewißes Holz in dieselben gelegt.[3] [109] Die Heilung vom giftigen Schlangenbiß ist abhängig gemacht vom Anblick der ehernen Schlange, die Moses errichtet hatte.[4] In Kana verwandelt Christus Wasser in Wein.[5] Dem Weibe, welches achtzehn Jahre lang den *Spiritus infirmitatis* gehabt hatte, legt Christus die Hand auf, indem er sie heilt.[6] Um die Augen des Blindgebornen aufzuthun, bestreicht er sie mit seinem mit Erde gemischten Speichel.

So fast bei allen Wundern der Heilung; und da, wo die Heilung auf das bloße Wort erfolgt, ist es doch immer ein bestimmtes Wort, welches gesprochen wird, z. B. „stehe auf und wandle!"[7] Doch nicht genug, daß der Wunderthäter selbst ei-

---

[2] 2 Moses 8,16.17. Ebendas. 14,21.26.27.
[3] 2 Mos. 15,25.
[4] 4 Mos. 21, 8. 9.
[5] Joh. 2, 6-11.
[6] Luk. 13, 11-13f.
[7] Joh. 5, 8.

nes Mediums bedarf, worin die Wunderkraft sich fasse; auch der, an welchem das Wunder vollbracht werden soll, muß ihm eine Basis bieten, nur daß diese hier sittlicher Art ist, nämlich Glaube, Vertrauen. Und so verhält es sich auch mit der Sündenvergebung, die ein Wunder der Heilung am innern Menschen ist. Die Macht, Sünden zu vergeben, kommt von Gott. Zum Träger dieser Macht hat er in seiner Kirche den Priester gemacht. Die Basis nun, daß der wunderthätige Act zu Stande komme, ist im Zuge von Gott durch den Priester zum Sünder die Absolutionsformel, und im Zuge von dem durch den Priester absolvirten Sünder zu Gott die auferlegte Buße. Für diesen, den Sünder, faßt sich die Gewißheit der Sündenvergebung in der Buße, als der Bethätigung der Reue, als der [110] relativen Genugthuung für die begangenen Sünden; und mag das Bußwerk auch bisweilen im Verhältniß zur Schuld unbedeutend scheinen, genug, wenn es in seiner Wirkung dem Holze gleicht, welches die bitteren Wasser süß machte, oder der ehernen Schlange, welche das Zeichen war, um vom tödtlichen Natternbiß geheilt zu werden.

Für diese mir eigenthümliche Auffassung der Buße kann ich dir gerade keine bedeutende kirchliche Auctorität anführen; aber ich zweifle nicht, daß sie katholisch sey, da es katholisch ist, daß in der *Scala Sacramentalis* der Kirche überall ein allgemeines Weltgesetz waltet, nämlich dieses, daß das Objektive durch organische Vermittlung sich subjectivire, und Geben und Nehmen in einander aufgehe durch Auswirken des vorerst nur Gegebenen. Dies läßt sich sonnenklar nachweisen im Begriff des Opfers.

Hierüber hat — wirst du's glauben? — die neuere Philosophie mich auf das Rechte gebracht; doch bin ich im Stande, auf eigene Weise von der Sache zu reden. Das creatürliche Leben, sage ich, ist mit dem Widerspruch behaftet, daß es nicht in sich selbst leben kann, ohne den Tod zu wecken, und nicht in Gott leben kann, ohne sich selbst zu sterben. Dieser Widerspruch wird gelöst durch die Wiedergeburt. Erst das wiedergeborne Leben ist wahres, unsterbliches Leben, denn es ist, nach Ueberwindung des an ihm haftenden Widerspruchs, im Einklang mit dem göttlichen Lebensprocesse selbst. Wie kommt aber die Creatur zur Wiedergeburt, und was ist diese? Es muß vor allem die verhärtete Basis ihres Lebens, welches [111] nur den Tod gebärt, durchbrochen werden, dagegen die Basis des Lebens, welches das Sterben zu seiner Voraussetzung hat, entwickelt werden. Jene verhärtete Basis ist der Eigenwille, womit das Geschöpf sich selbst will, und alles Andere nur um seinetwillen. Sie muß durchbrochen werden, was nach Verlust der ursprünglichen Einheit des Lebens nur möglich ist durch Gnade. Erst wenn die Gnade wie ein Wetterstrahl die Enge des partiellen Lebens sprengt, ist die Erhebung in den großen Zusammenhang des Lebens möglich. Nur zu dem kann man erhoben werden, wozu man ursprünglich schon gesetzt und bestimmt war. Aber eben weil zunächst nur von einem Erhobenwerdenkönnen die Rede ist, muß der Erhebung vorausgegangen seyn eine Deprimirung; der *restitutio*, eine *destitutio*. Da nun letztere eben so gewiß auf eine ursprüngliche *institutio* zurückdeutet, wie die Finsterniß das Licht voraussetzt, so erscheint die Wiedergeburt mit ihren Folgen als *restitutio in integrum* in dem Sinne, daß der Mensch, als wiedergeborner, das nun **wirklich** ist, was er anfangs nur **wesentlich** war: ein mit dem göttlichen Lebensprocesse zusammenathmender Geist. Mit dieser *restitutio* ist der Mensch im Reiche Gottes constituirt. Weil ihm aber die Basis dazu, die er verloren, gegeben werden mußte, so folgt, daß diese Constituirung nur möglich war durch Substituirung. Die Substitution nun, um uns zur göttlichen Reichsstandschaft zu erheben, war das Opfer Christi. Nur der Unschuldige konnte für die Schuldigen zahlen, damit die Enge des Lebens durchbrochen und die göttliche Liebe- und Lichtregion wieder gewonnen werde. Aber der Opferact Christi ist, obwohl bis zum Ueberfluß vollständig, [112] doch zunächst nur ein allgemeiner, weil objektiv vollbrachter; und es wäre uns nicht damit geholfen, wenn er nicht an jedem Einzelnen subjectiv vollzogen, und damit an ihm zum besonderen würde. Wie geschieht das? Antwort: durch die wirksame Wiederholung desselben Actes im unblutigen Meßopfer. Durch dieses, das Meßopfer, ist Christus, als der für unsere Constituirung im Reiche Gottes sich Substituirende, fortwährend wirksam, und unsere ganze christliche Wirklichkeit beruht auf dieser seiner steten Wirksamkeit. Das Meßopfer ist die fortwährende Entwicklung der Basis, welche durch den Tod Christi frei geworden ist, zum Vollgenusse der Früchte des von ihm dargebrachten Opfers.

Diese Grundgedanken zu einer Theorie des Opfers gab mir zuerst Raimundus de Sabunde, der es mit klaren Worten sagt, durch das sacramentalische Opfer, also durch den Opfercultus, mache der Mensch das ganze Leiden und Sterben Jesu Christi sich eigen, und wende sich dessen Verdienste zu. Denn der Tod Christi selbst, setzt er hinzu, ist Allen gemein-

sam wie die Sonne, und Jedermann kann ihn ganz sich zu
eigen machen. (*Per talem memoriam*, d. h. durch die sacramentalische Gedächtnißfeier, *homo facit totam mortem ut passionem
Christi Suam, et applicat eam sibi*.) Aber wie Einer von der
Kraft der Sonne, übersetze ich weiter, in einem Garten nur
so viel empfängt, als er den Garten dazu disponirt, so empfängt hier auch der Einzelne vom Verdienst und der Kraft
des Leidens Christi nur nach dem Maaße seiner Verehrung
desselben. Darin eben unterscheidet sich das Sacrament der
Eucharistie, welches zugleich Opfer ist, von der Taufe, daß
hier das Verdienst [113] Christi dem Menschen zugewendet
wird, als hätte er es selbst erworben (d. h. in seiner Allgemeinheit und Ganzheit); dort aber, in der Eucharistie, öffnet
nun auch der Mensch sein Inneres dem großen Opferact in
allen seinen besondern Theilen. —

In der neuesten Zeit hat Möhler in seiner allbekannten
Symbolik auf dieselbe Weise diesen Gegenstand behandelt.
„Das sacramentalische Opfer, sagt er, ist auch ein wahrhaftes
Opfer, ein Opfer im eigentlichen Sinne, jedoch so, daß es in
keiner Weise von allem Uebrigen, was Christus für uns noch
that, getrennt werden darf. In diesem, wenn wir uns nun einmal so ausdrücken wollen, letzten Theile des objektiven Opfers soll eben dieses subjektiv werden, uns eigen. Als der am
Kreuze sich Opfernde ist Christus uns noch fremd, im Cultus aber unser Eigenthum, unser Opfer; dort ist er das allgemeine Opfer, hier das Opfer für uns insbesondere, für jeden
Einzelnen aus uns; dort war er nur das Opfer, hier wird er
als solches verehrt und anerkannt; dort wurde die objektive

Versöhnung vollzogen, hier die subjektive theils gepflegt und gefördert, theils ausgedrückt."

Du siehst, mein Freund, hier ist überall organischer Zusammenhang und Leben. Wie elend und nur auf der Oberfläche spielend erscheint dagegen der Einwurf Luthers, es sey eine Unverschämtheit, daß wir meinen, wir könnten Gott etwas wiedergeben, was er uns freiwillig geschenkt hat. Hat nicht im Grunde jede Gabe Gottes die Bestimmung, daß sie ausgewirkt zurückgegeben werde? So viel, Theuerster, verstehe ich für jetzt von diesen in die Tiefe gehenden Dingen. Ich hoffe aber, [114] daß ich, in ihnen lebend, weiter geführt werde, von Klarheit zu Klarheit, bis mir das Geheimniß offenbar wird im Schauen, wenn, ich einst eingegangen bin in meines Herrn Freude. Möge auch dir die Hand erscheinen, die mich aus der Grube gezogen, daß du nicht mehr dir lebst, sondern Christus dein Leben sey. An Christum glauben als den Sohn des lebendigen Gottes, und nicht katholisch seyn wollen: das ist mir ein unbegreiflicher Widerspruch.

6. Schluss.

Als Jüngling hatte ich mir zugerufen: **erwache zum Werke der Menschheit.** (S. Kap 1. S. 12.) Bin ich der Gesinnung, die sich darin aussprach, durch Uebernahme des Priesterthums untreu geworden? Manche meiner früheren Freunde scheinen es so anzusehen. Ich dagegen behaupte, mein gegenwärtiges priesterliches Leben und Wirken ist die Erfüllung dessen, was ich in früheren Jahren, ohne mich und die Welt genügend zu kennen, gewollt und gehofft habe. Das Erste wozu ich als Priester verpflichtet bin, ist das Breviergebet. Hebe ich in der Matutin an: *Venite, exultemus Domino, jubilemus Deo salutari nostro*[1] etc., so weiß ich, daß Tausende mit mir durch alle Lande, wo die katholische Kirche herrscht, dasselbe thun, und in Gemeinschaft, und eigentlich um der Gemeinschaft willen beten, ist jedenfalls erhebender, als das bloße Privatgebet. Dazu kommt, daß der gegliederte Inhalt des Officiums mir täglich einen Abschnitt aus der heil. Schrift, etwas aus den Homilien der Kirchenväter, so wie aus der Legende der Heiligen zu Gemüthe führt, und mich auf diese Weise im Zusammenhange mit der kirchlichen Vergangenheit erhält, so daß mein Gebet nicht [115] bloße individuelle

---

[1]Kommt laßt uns aufjauchzen dem Herrn, laßt uns jubeln Gott, unserem Heil!

Herzensergießung ist. Das Zweite, was ich dann thue, ist, daß ich dem Allerhöchsten das hochheilige Meßopfer darbringe. Dasselbe wird dargebracht für Lebende und Abgestorbene, als ein wahres Bitt-, Dank- und Sühnopfer, und ist die Feier der in Christo von Gott der Menschheit ertheilten Wohltha-ten. Komme ich an die Stelle: *Memento Domine famulorum famularumque tuarum*[2], dann rufe ich diejenigen, die mir theu-er sind, oder die sich meinem Flehen anempfohlen haben, herein in die Gemeinschaft der heiligen Handlung, die ich im Namen der Kirche verrichte.

Ich bin also auch hier nicht auf mich beschränkt, sondern auf besondere Weise an meine Brüder und Freunde in Chri-sto gewiesen. Ich habe ferner den Beichtstuhl zu hüten. Heils-bedürftige Menschen eröffnen mir da ihr Herz mit allen sei-nen Schwachheiten und Gebrechen; ich verordne ihnen die heilsame Arznei der Buße, und führe sie zurück in den Stand der Gnade, wenn sie denselben durch schwere Versündigung verloren haben. Ich bekenne, mich nie inniger an die Mensch-heit gebunden zu fühlen, als wenn ich in der Beichte Schmer-zen stille und Wunden heile, oder auch verhärtete Gemüther erweiche. Werde ich endlich an das Krankenlager gerufen, so nehme ich Theil an der menschlichen Gebrechlichkeit; ich verweise auf Christus und seine Heiligen, indem ich zur Ge-duld ermahne; und habe ich einem Sterbenden beizustehen, so empfehle ich seine Seele der Barmherzigkeit Gottes, und spreche über sie den kirchlichen Segen, daß ihr, wenn sie

---

[2]Gedenke Herr, deiner Diener und Dienerinnen.

dahinfährt, entgegenkomme die glänzende Schaar der Engel und Auserwählten. — So ist alles, was ich als Priester thue, zum Nutzen und [116] Frommen der Brüder; wie wäre ich denn dem Rufe untreu geworden: erwache zum Werke der Menschheit!

Mein Leben hat durch die Priesterweihe nicht nur selbst die allerbestimmteste christliche Gestalt gewonnen; ich rufe auch Andere herbei, lebendige Glieder des Leibes Christi zu werden, in welchem sich die Menscheit zu einem Tempel Gottes erbaut.

„Wohl dir, wenn es so ist, höre ich da den Einen oder Andern von den Frommen unter den Protestanten sagen; „aber warum bedurftest du der römisch-katholischen Hierarchie, um mit Gott und der Menschheit in den rechten Zusammenhang zu treten? Warum gabst du die rein evangelische Vermittlung auf, da doch deine eigene früheste Lebenserfahrung dafür zeugt, daß diese Vermittlung im Bereich des Protestantismus möglich und wirklich ist? Oder fehlte sie etwa deinem frommen Vater? Fehlte sie so vielen Andern in deiner frühesten Umgebung?" Hierauf erwiedere ich: Wohl habe ich mir vor meiner Conversion die Frage gestellt: wie kann sich möglicher Weise dein christliches Leben gestalten, falls du Protestant bleibst? Drei Richtungen, sagte ich mir, bieten sich dir dar, an deren eine du dich würdest anschließen müssen. Diese sind die rationalistische, die pietistische, und eine dritte, die vorzugsweise darauf Anspruch macht, für die geschichtliche gehalten zu werden. Die rationalistische aber hatte ich längst als seicht und inkonsequent erkannt: als seicht, weil sie an die Stelle der dogmatischen Tiefe das bloße Räsonnement des gemeinen Menschenverstandes setzt; als inkonsequent, weil sie nach Hinwegerklärung des Positiven in der Offenbarung doch noch sich anmaßt, für christlich gelten zu wollen Die [117] pietistische Richtung hatte für mich das Verehrliche, daß sie noch am Positiven, soweit es innerhalb ihrer Sphäre möglich ist, festhält; dann aber, daß sie in den engen Grenzen des Sectengeistes eingefangen ist, und keine andern Bedürfnisse hat, als die einer ganz antisocialen Herzensreligion, stand sie mir selbst unter dem Rationalismus.[3] Es blieb mir also nur die s. g. geschichtliche Richtung übrig, die mit nichts Geringerem umgeht, als die positive Religion zur wissenschaftlichen zu erheben. Ich verkenne nicht, daß sie von Allem was sich aus dem Gebiete des Protestantismus hervorgethan, das Geistigste sey. Wird sie aber auf eben diesem Gebiete jemals zur Reife gelangen können? Die geschichtliche Philosophie setzt auch eine durch und durch geschichtliche Religion voraus, und eine solche ist nur die katholische, in welcher ununterbrochen der Strom der Ueberlieferung fließt. Was hat doch der für Ursache nicht katholisch seyn zu wollen, der das Dogma der Trinität, der Inkarnation und die zunächst damit zusammenhängenden Lehren anerkennet? Wenn einmal die zunächst, warum nicht auch die entfernter damit zusammenhängenden; warum nicht das ganze konsequente System? Wer ohne eigentlich kirchliches Bedürfnis philosophirt, mag sich darüber leicht beruhigen;

---

[3]In diesem Urteil zeigt sich, daß Ferdinand Herbst den Pietismus nicht wirklich, sondern gewissermaßen nur in dessen Meuselwitzer Nachbarschaftsdimension wahrgenommen hat. (Hg.)

nicht so derjenige, dem die freie Bewegung im kirchlichen Gesammtbewußtseyn die Basis der philosophischen Spekulation ist, da denn die positive Religion und die philosophische Speculation als ein und dasselbe System des Lebens erscheinen.

Uebrigens machte ich, so lange mir noch eine entscheidende Erfahrung im Gebiete des Kirchlichen abging, allerdings Versuche, in die Ordnung der Dinge, an die [118] ich nun einmal durch meine Geburt gewiesen war, zurückzukehren. Ich wendete mich in dieser Absicht an den angesehensten Geistlichen in meiner Heimath. In einem Schreiben, das, weil es gut gemeint war, auch eine gute Aufnahme hätte finden sollen, legte ich, wie wenn ich beichtete, die Geschichte meiner Erfahrungen dar, und bat um Weisung, was ich thun solle, um mich meiner Heimath nicht für immer zu entziehen. Was that der protestantische Prälat, an welchen ich meine Bekenntnisse richtete? Er, ein das Land rationalisirender Superintendent[4], antwortete mir auch nicht eine Sylbe[5]. — So ha-

---

[4]Es handelt sich um Dr. Johann Friedrich Röhr (1777-1848), der seit 1820 Oberhofprediger und Generalsuperintendent in Weimar war. „Als man ihn nach Weimar berief, war er als Verfechter des entschiedenen Rationalismus bekannt, insbesondere durch seine ‚Briefe über den Rationalismus' (1813), in denen er eine klassische Formulierung für diese letzte Stufe der Aufklärungstheologie fand: ‚Da Alles in den Kausalnexux eingefügt ist, gibt es keine Wunder und keine übernatürliche Offenbarung. Jesus ist eine rein menschliche Erscheinung, aber ein Heros, an dem sich das Walten der Vorsehung besonders herrlich zeigt.'". Vgl. Herrmann, Rudolf, Thüringische Kirchengeschichte, Bd. 2, Weimar 1947, S.403ff.
[5]Röhr bekämpfte die gesellschaftspolitischen Gestaltungsansprüche des Katholizismus als die Macht der Finsternis.

ben also die Männer, die ein Privilegium auf die Vernunft zu haben sich vermessen, kein Herz für diejenigen, die Gott andere Wege führt, als sie meinen, daß Gott einen Jeden führen müsse?

Mit dieser Frage wendete ich mich ab von dem Gedanken, wieder einzulenken in das alte Geleis, und verfolgte selbstständig die betretene Bahn. Ich danke Gott, daß ich damals kein Gehör fand. Denn was hätte aus mir werden können? Die Pietät, in der ich erzogen worden war, hätte ich in meiner Heimath nicht mehr gefunden. Die Menschen waren dort, wie ich bei einem Besuche von München aus mich überzeugt hatte, so modern protestantisch geworden, daß von einer Einheit der Confession nicht mehr die Rede seyn konnte. Für das Höchste galt die Theologie, die in den „Stunden der Andacht" herrscht, und wer nicht verlassen und verstoßen seyn wollte, mußte mit dem Strome schwimmen. Ich würde nirgends mehr als in meiner Heimath in der Fremde gewesen seyn, nachdem ich mich in dem, was meinen Landsleuten für egyptische Fremde galt, einzuleben begonnen [119] hatte. Gegen den Rationalismus, diese *schola tyrannica*, ist die Hierarchie das sanfteste Joch, das ich tragen kann. Ja ich danke Gott, daß er die Versuchung, auf dem Wege in's Innere des Heiligthums wieder umzukehren, an mir hat vorübergehen lassen; ich danke ihm dafür von Herzen, auch nachdem ich inzwischen viel Bitteres und Herbes erfahren habe. Doch vergessen sey, was überwunden ist, und nur von solchen Trübungen will ich reden, die nicht mich allein berühren. Wenn nämlich auf der einen Seite das Organische, welches der Charakter alles Katholischen ist, als das feste Band, welches ein Zerfallen in lauter Bruchstücke unmöglich macht, gut und nothwendig ist, so ist doch auch immer die Gefahr damit verbunden, daß die Aeußerlichkeit zu überwiegend und vorherrschend werde; und daß sie dieses vielfach geworden, bedarf um so weniger der Verheimlichung, als bei einem organischen Verbande momentane Stockungen unvermeidlich scheinen.

Die Kirche hat sehr schwere Zeiten zu bestehen gehabt, Zeiten, wo sie sich damit begnügen mußte, das ihr Anvertraute zu wahren gegen furchtbare Gewalten; wo eben darum für lebensreiche Innerlichkeit weniger gethan werden konnte. In solchen Zeiten war die äußere Macht, der hohe Rang der Bischöfe das Mittel, dessen sich die Vorsehung bediente, mitten in die Verwirrung kräftig einzugreifen, und den Bau der Kirche aufrecht zu halten. Dann kamen aber auch solche, die, nicht gedenkend des Wortes: „ein Bischof soll unsträflich seyn," um der Macht und des Ranges willen den Episkopat begehrten. Die Disciplin ward vernachlässigt, die Sittlichkeit verhöhnt, und nur im äußern [120] Thun genügte man der Vorschrift und dem Herkommen. So besonders in der deutschen Kirche, die sich am wenigsten wahrhaft großer und heiliger Bischöfe erfreut hat. Wie der Hirte, so die Heerde.

Ein weltlich gesinnter Bischof wird in der Regel auch mit einem ungeistlichen Clerus sich umgeben, und dieser wiederum unerbaulich auf das Volk wirken. *Grandis dignitas sacerdotum, sed grandis ruina eorum si peccant*[6], ruft Hieronymus aus. In der That, gegen die altkatholische Strenge war später

---

[6]Gewaltig ist die Würde der Priester, aber gewaltig auch ihr Verderben, wenn sie sündigen.

die Hierarchie hie und da zur Ruine geworden, ob es gleich auch an Heiligen in ihrer Mitte zu keiner Zeit gefehlt hat. Das Uebel, das somit in die Kirche gekommen, ist, trotz kräftigen Gegenwirkungen, nicht ausgerottet, und kann es wohl auch allgemein nie werden, da die Idee der Hierarchie zu groß-artig ist, als daß sie nicht immer an einzelnen unwürdigen Gliedern derselben scheitern sollte. Was ist da zu thun? Die Forderung der Weisheit scheint mir in dieser Hinsicht die zu seyn, daß man in Geduld und Demuth trage, was unvermeid-lich ist, ohne es aufzugeben, zur Minderung des Uebels mit-zuwirken. Dieses Mitwirken ist vor allem dadurch bedingt, daß jeder bei sich selbst anfange, um Ordnung und Zucht im Hause des Herrn herzustellen. Die Kirche fordert dabei nichts Unmögliches von ihren Dienern; denn daß sie dieselben auf den Cölibat verpflichtet, hat, abgesehen von allen andern Be-ziehungen, die Erfahrung für sich, daß es leicht sey, Fleisch und Blut zu beherrschen, wenn man im Geiste lebt. Sehe nur jeder Priester zu, daß das Vertrauen, welches die Kirche in ihn setzt, an ihm nicht zu Schanden werde; bewahre nur jeder die Reinheit der mystischen Ehe [121] seines Priesterthums, und es wird sich zeigen, daß der Cölibat eine wohlthätige Institu-tion der Kirche ist. Bei der Priesterweihe spricht der Bischof zu den Ordinanden unter Andern die Worte: *Filii dilectissi-mi, servate in moribus vestris castae et sanctae vitae integritatem. Agnoscite, quod tractatis, quatenus mortis Dominicae mysterium celebrantes, mortificare membra vestra a vitiis et concupiscentiis omnibus procuretis. Sit doctrina vestris spiritualis medicina po-pulo Dei. Sit odor vitae vestrae delectamentum Ecclesiae Christi, ut praedicatione atque exemplo aedificetis domum, i. e. Familiam*

130

Dei, quatenus nec nos de vestra provectione, nec vos de tanti officii
susceptione damnari a Domino, sed remunerari potius mereamur.[7]
— Möchte doch jeder diese Worte in seinem Herzen bewahren! Möchten aber auch die, welche sie sprechen, möchten die Bischöfe stets eingedenk seyn, wozu sie solche Rede verpflichtet. Es ist nicht genug, daß der Bischof Priester weiht, er soll sich mit apostolischem Eifer seinen Clerus erziehen. Der heil. Augustinus sagt, er habe keinen zum Priester geweiht, den er nicht auch zum Priester erzogen habe, und er meinte nicht, daß es seine Würde beeinträchtige, wenn er mit seinen Geistlichen in Gemeinschaft lebe. Er lehrte und predigte, er leuchtete Allen voran als Muster in Gelehrsamkeit und jeglicher Tugend. So der heil. Augustinus; so viele andere heilige Bischöfe vor und nach ihm. Solche Bischöfe sind es, deren auch in unsern Tagen die Kirche bedarf. Hohe Stellung, Ehre und Reichthum sind nicht zu verachten, da sie Mittel zum Guten sind. Aber das apostolische Wort: „haben als hätte man nicht," wird zunächst auch denen gelten, in welchen sich die Reihe der Apostel fortsetzt, und Herablassung wird stets eine [122] der ersten bischöflichen Tugenden seyn. Welche Wirkungen müßte es Hervorbringen, wenn die Bischöfe überall

---

[7]Geliebte Söhne, bewahrt in eurem Lebenswandel die Reinheit eines keuschen und heiligen Lebens. Vergeßt nicht, was ihr verrichtet, wenn ihr das Mysterium des Herrentodes feiert. Tragt Sorge, eure Glieder gegenüber allen Lastern und Begierden abzutöten. Eure Lehre sei geistliche Medizin für Gottes Volk. Der Duft eures Lebens sei das Vergnügen der Kirche Christi, daß ihr nämlich durch Verkündigung und Beispiel den Bau, d.h. die Familie Gottes aufrichtet und nicht wir, indem wir euch fördern, und ihr, indem ihr solch Amt übernehmt, vom Herrn verdammt werden, sondern Lob und Anerkennung finden.

den Hirtenstab nicht blos symbolisch in der Hand führten, sondern allezeit mit Wort und That ihre Heerde weideten, als solche, die dem Hause ihres Gottes wohl vorzustehen, und für die Kinder des Hauses väterlich zu sorgen wissen! Fortschritte zum Bessern sind in all dem unverkennbar. Möge auf den Bemühungen derer, die hierin mit gutem Beispiele vorangegangen sind, in reichem Maaße Gottes Segen ruhen!

Was endlich das gläubige Volk betrifft, so ist zu warnen, daß es den Einflüsterungen des Zeitgeistes sein Ohr nicht leihe; denn dieser ist der Geist der Lüge und des Betrugs, durch welchen von Anfang an das Unheil in die Welt gekommen. Man bemüht sich, die Gläubigen zu bereden, die alte Ordnung der Dinge sey abgethan, die Menschheit habe endlich das Stadium ihrer Mündigkeit erreicht, und dürfe nicht mehr zögern, ihre Emancipation von aller lästigen Herrschaft, besonders von der Priesterschaft, zu feiern. Alle Bande, auch die zarten des gesitteten Familienlebens möchten die Lügenpropheten der neuen Freiheit lösen, damit der Mensch nichts habe, als seinen Wahn und seine Lüste, darin er sich ersättige. Doch dieser Frechheit entgegen hat sich der Herr von Neuem zu seiner Sache gestellt; in Feuerzungen wird wieder der alten, ewig neuen Wahrheit das Wort geredet, und die Flamme der göttlichen Liebe glüht wieder auf in der Menschen Herzen. Er, der so sich auch jetzt nicht unbezeugt gelassen, wird seine Widersacher zermalmen zur rechten Zeit. Mögen inzwischen die Gläubigen beharren in der Lehre der Apostel, in der Gemeinschaft des Brodbrechens und im Gebete, wie die Erstlinge der Gemeinde, da mit allen eine große Gnade war, einmüthig beharrten (Apostelgeschichte 2, 42); vielleicht, daß die Wiedergeburt des Zeitalters in lebendigem Glauben nicht mehr fern ist!

Teil II.

Nekrolog
aus dem Pastoralblatt der Erzdiöcese München-Freysing

DR. FERDINAND IGNAZ HERBST

Es ist der am 11. Mai l. Js. verstorbene Stadt-Pfarrer von Mariahilf in der Au.[8] Nachdem ein ehemaliger Mitarbeiter und Verehrer des Dahingeschiedenen mit Liebe und Treue ein Lebensbild desselben entworfen hat, genügt es, auf dieses hinzuweisen und eine kurze Skizze davon zu geben.[9]

Ferdinand Herbst wurde am 20. Dezember 1798 zu Meuselwitz im Herzogthume Sachsen-Altenburg geboren. Seine Eltern waren gottesfürchtige Bürgersleute lutherischer Confession. Sie waren bemüht, ihre Kinder religiös und strengsittlich zu erziehen. Ferdinand zeigte von Kindheit an vielen Sinn für Frömmigkeit und vorzügliche Anlagen des Geistes. Dabei war er leiblich schwächlich und kränkelnd.

Dadurch ward der Plan seines Vaters, ihn zu einem tüchtigen Handwerker zu machen, vereitelt. Der protestantische Pfarrer des Ortes nahm sich des talentvollen Knaben an und ertheilte ihm nebst seinen eigenen Söhnen den Vorunterricht für die Gymnasialstudien.

In einem Alter von 13 Jahren kam Herbst an das Gymnasium zu Altenburg und in das Haus des berühmten Philologen Matthiä. Hier gewann er an Kenntnissen und höherer

---

[8]Pastoral-Blatt für die Erzdiöcese München-Freysing Nr. 25, 1863, S. 101-103; Nr. 26, 1863, S. 105-107.

[9]Dr. Ferdinand Ignaz Herbst als Convertit und katholischer Pfarrer. Ein Lebensbild, entworfen von Simon Knoll, Stadtpfarrprediger bei St. Peter in München. München 1863. Verlag der F. J. Lentner'schen Buchhandlung.

Bildung, allein das religiöse Leben ward nicht gepflegt. Die Andacht, die der fromme Glaube der Eltern im Herzen des Knaben geweckt und immer neu belebt hatte, schwand immer mehr dahin. Einigen Ersatz dafür bot dem gemüthvollen Jünglinge die Begeisterung für sein von schmachvoller Sklaverei wieder befreites Vaterland. Wer nicht ganz abgestumpft war, schwärmte damals für das freie Deutschland. Viele von den Studirenden hatten für dessen Befreiung mitgekämpft, nun meinten sie, auch an der Neugestaltung der Vaterlandsverhältnisse sich betheiligen zu müssen. Diese Meinung setzte sich in ihnen nun fester, je mehr man sah, daß hiefür so gar nichts geschah, und daß Alles wieder in den alten Schlendrian zurückgeführt werde. So kam es zur Feier auf der Wartburg und zur Gründung der allgemeinen deutschen Burschenschaft. An beiden war Herbst betheiliget. Beides hat man ihm, als er zur katholischen Kirche zurückkehrte, ganz unbillig und ungerecht zum Vorwurfe gemacht. Herbst hatte für diese edle Schwärmerei genug gebüßt und war schon längst zu einer klaren Anschauung der eben nicht erquicklichen Verhältnisse des Vaterlandes gekommen. Noch als Student an der Universität Erlangen hatte er sich in seinen „Idealen und Irrthümern des akademischen Lebens" hierüber deutlich ausgesprochen.

Seine höheren Studien begann Herbst in Leipzig. Vom Jahre 1819 angefangen, setzte er sie in Jena fort, dann kam er, von Schelling angezogen, nach Erlangen. Dieser gefeierte Philosoph bot dem selbst auf der dürren Scholle Leipzigs und Jena's nicht verkümmerten Geiste Herbsts wieder gesundere Nahrung und führte ihn dem bald fremd gewordenen

138

christlichen Glauben näher. Im Hause Schuberts fand er das fromme religiöse Leben des Elternhauses in verklärter Gestalt. „Mit Liebe gedachte Herbst noch in spätern Jahren der Stunden, welche dieser liebenswürdige Mann einem vertrauteren Kreise junger Freunde widmete." Neben seinen philosophischen und historischen Studien hatte Herbst schon in Jena Theologie betrieben; allein dieses Studium, wie man damals in Jena dazu angeleitet wurde, konnte ihn nur abstoßen. Obwohl von Kindheit an mit besonderer Neigung und vortrefflichen Talenten für den geistlichen Stand begabt, konnte sich Herbst doch nicht entschließen, durch ein Schlußexamen sich den Eintritt in diesen Stand zu öffnen. Er übernahm eine Hauslehrerstelle in Augsburg, und als die von ihm hochverehrten Lehrer Schelling und Schubert im Jahre 1827 an die Universität München berufen wurden und ihre Vorlesungen eröffneten, eilte er ebenfalls nach München, um ihre Vorlesungen zu hören. Der Verkehr mit diesen und ihnen gleichgesinnten Männern und das Studium der Schriften gläubiger Protestanten gab ihm wieder, was er von Haus aus gehabt, und was ihm ungläubige Theologen geraubt hatten – frommen, christlichen Sinn. Am meisten Einfluß hatten auf ihn die Schriften „Hamans", der ehedem persönlich der Fürstin Gallizin ein Führer in's positive Christenthum gewesen war. Die Quintessenz dieser Schriften gab er mit Auszügen und Nachrichten von Jakobi als ersten Band seiner „Bibliothek christlicher Denker" heraus. Darauf bearbeitete er den zweiten Band, welcher vorzüglich mit dem Leben und den Schriften Lavaters sich befaßt. Der Leipziger Buchhändler, der den ersten Band gedruckt hatte, verweigerte die Uebernahme des zweiten mit der Bemerkung, für solche Schriften sei nur mehr in Süddeutschland ein Markt. Nun sah Herbst, daß mit dem Norden gebrochen, und daß er an Süddeutschland angewiesen sei. In dieser Zeit arbeitete er auch an der „Eos", in die Görres und die angesehensten Katholiken Münchens Beiträge [S. 102b] lieferten. so wurde er mit Katholiken bekannt. Mit besonderer Liebe hatte er in seinen Beiträgen zur „Eos" von den genannten Autoren und vorzüglich von Lessing anerkennende und ruhmvolle Zeugnisse für die katholische Kirche mitgetheilt. Allmählig wurde er auch mit dem katholischen Leben bekannt. Er ging in die katholischen Kirchen, um zu beten und an der Andacht der Gläubigen sich zu erbauen. Der Besuch einer der Mutter Gottes geweihten Waldkapelle, in die er auf die Mahnung eines ihm den Weg weisenden Mädchens[10] eingetreten war, öffnete ihm auf wunderbare Weise den Blick in das Heiligthum der katholischen Wahrheit. Wenige Monate darnach, am 1. Dezember 1832, legte er in München das katholische Glaubensbekenntniß ab und ging nach Empfang des hl. Bußsakramentes zum ersten Male zur heiligen Communion. Er war bereits 34 Jahre alt. Bald darauf gab er eine Rechtfertigung seines Uebertrittes heraus unter dem Titel: „Die Kirche und ihre Gegner." Dadurch erregte er einen Kampf gegen sich, den er gewandt durchkämpfte. Viele hatten freilich gemeint, dieß wäre nicht nothwendig gewesen. Herbst hätte etwa als Fortsetzung seiner Bibliothek christlicher Denker, die ihn bei den Gegnern ohnehin schon des Katholicismus verdächtig gemacht hatte, das Leben und

---

[10]Es war ein Mütterchen. DM.

140

das wissenschaftliche Streben eines heiligen Lehrers der Kirche darstellen können, und die ganze Welt hätte erfahren, daß er nun wirklich Katholik sei.

Die Vorbereitung auf den Eintritt in die katholische Kirche war für Herbst auch eine Vorbereitung für den Priesterstand gewesen. Nun erhielt er die Aufnahme in das Königreich Bayern und in die Erzdiöcese München-Freysing und wurde nach einem nicht lange dauernden Aufenthalte im Clerikalseminar zu Freising am 17. August 1834 zum Priester geweiht. Die Primiz feierte er am 31. August d. Js. in der Domkirche zu Freysing. Seine ehemaligen Freunde und Verwandte waren über diesen Schritt noch mehr entrüstet, als über seine Conversion, allein Herbst getröstete sich mit der Verheißung des Herrn, die Allen gilt, welche seinetwegen gelästert und verfolgt werden. Statt seinem Wunsche gemäß in der Seelsorge arbeiten zu können, mußte Herbst noch in demselben Jahre die Lehrstelle der Philosophie am Lyceum in Freysing übernehmen. Wie ernst er diese Aufgabe ansah, und wie tüchtig er für diese Stelle gewesen, bezeugen zwei von ihm gehaltene und in Druck erschienene Vorträge: „Die Philosophie und deren Studium." Allein Herbst war dabei nicht befriediget. Sein Verlangen ging nach der Seelsorge, um derer Willen er in den Priesterstand eingetreten war. Im Jahre 1835 kam er nach München, ward als Kaplan an der Dreifaltigkeitskirche angestellt und arbeitete unermüdet im Beichtstuhle. Außerdem bearbeitete er in dieser Zeit unter Anderem das allgemein beliebte „katholische Exempelbuch.", in dem er die katholische Glaubens- und Sittenlehre in Beispielen vortrug. Die Redaktion der Sion, die er zwei Jahre lang, 1838 und 1839, mit sicherem Takt und kirchlicher Entschiedenheit herausgab, veranlaßte ihn zu einer Uebersiedelung nach Augsburg, die aber nur von kurzer Dauer war. Er wurde nämlich bei Errichtung des Collegiatstiftes zu St. Cajetan [S. 103a] in München zum Chorvikar dieses Stiftes ernannt und mußte wieder in München wohnen. Bald darauf wurde ihm auch das Schul-Referat bei der Regierung von Oberbayern übertragen, das seine meiste Zeit in Anspruch nahm. Da war er genöthiget, für die Sion einen Mitredakteur aufzunehmen und selbst die Bearbeitung der zweiten Auflage seines Erempelbuches, die vor Verlauf eines Jahres nothwendig geworden war, seinem Freunde, dem gegenwärtigen Rektor der Universität, M. Stadelbauer, zu übertragen.

Das rein formelle, lebenlose Wesen des Schulreferates konnte dem Manne, der zum Seelenhirten geschaffen war, nicht behagen. Endlich fand sich für ihn ein Posten, der ganz geeignet war, sein Verlangen zu befriedigen und seine ganze priesterliche Thätigkeit in Anspruch zu nehmen. Es wurde ihm im Jahre 1842 die Pfarrei Giesing übertragen. Nun saß er nicht mehr unter Stößen von Berichten und Rubriken, sondern unter einer Menge von Kindern und gläubigen Seelen, die ihn allesammt als ihren geistlichen Vater liebten und verehrten. Wie er sich ganz dieser seiner Gemeinde opferte, wie liebereich er sich der Schule, der Armen, der Kranken, der heranwachsenden Jugend annahm, und wie nachhaltig er in all diesen Beziehungen wirkte, dieß Alles ist im erwähnten Lebensbild recht freundlich beschrieben. Ewig schade, daß man seinen Plan, dieser großen Gemeinde zu einer entsprechenden Pfarrkirche zu verhelfen, ganz auf gegeben zu haben scheint. Staunen muß man, wenn man bedenkt, wie viel dieser Mann, der doch ganz der Seelsorge lebte, in dieser Zeit noch für die Literatur zu arbeiten im Stande war. Freilich war er haushälterisch mit der Zeit, und keine Minute durfte unbenützt vorüber gehen; allerdings drängte sich ihm bei seiner Seelsorgsthätigkeit viel Stoff auf, den er bei seiner außerordentlichen Gewandtheit leicht verarbeiten konnte; allein die schriftstellerische Thätigkeit, die er während der sechs Jahre in Giesing entfaltete, wäre für sich allein ausreichend gewesen, einen Mann für diese ganze Zeit zu beschäftigen. [Pastoralblatt Nr. 26, S. 105b]

Im Jahre 1848 erhielt Herbst die Pfarrei Mariä Hilf in der Vorstadt Au. Nun hatte er ein noch größeres Ackerfeld als bisher zu bearbeiten. Welch eine aufopfernde Treue er auch hier bewiesen, zeigt genanntes Lebensbild. Wie er in Giesing alles zu schätzen und zu benützen gewußt hatte, was sein Vorfahrer begonnen und angeordnet hatte, so auch hier. Alle Anordnungen Rabels[11] zur Verwahrung der Jugend vor gänzlicher Verkümmerung, zur Unterstützung der Armen und Kranken, zur Bewahrung des Guten in der Gemeinde, erfreuten sich seiner sorgfältigsten väterlichen Pflege und erhielten durch seine Weisheit und Frömmigkeit eine eigenthümliche [S. 106a] Weihe. Was er in Giesing so schmerzlich entbehrt hatte, eine Pfarrkirche, das war ihm hier in ausgezeichneter Weise zu Theil geworden, die prachtvolle Mariä-Hilf Kirche. Unermüdet ertheilte er den katechetischen Unterricht in den Schulen, mit väterlicher Weisheit leitete er den Gesammtun-

---

[11] Herbsts Vorgänger im Priesteramt Au

terricht. Für die höhern Klassen verfaßte er ein passendes Lesebuch. Alle Monatsonntage versammelte er die Bundesjungfrauen in der Hauskapelle der Schulschwestern und hielt an sie Anreden, in denen er ausgewählte Denksprüche Jesu erklärte. Diese Anreden wurden gesammelt und gedruckt. Auf diese Weise wurden diese jungen Leute den Gefahren der Sünde entrissen, zum Kampfe in den Versuchungen gekräftiget, mit ihren frühern Lehrerinnen in Verbindung erhalten und auf den Weg der Tugend geleitet.

Schon in den ersten Jahren seines Priesterthumes hatte er öfters Honorare für seine schriftstellerische Thätigkeit den verlassenen Katholiken Schwedens und andern armen Missionsstationen zugewendet. Seitdem er Pfarrer geworden, waren es immer zunächst seine armen Pfarrkinder, die das von ihm verdiente und von seinem Einkommen erübrigte Geld in Empfang nahmen. Nachdem er in der Au den Vincentius-Verein gegründet und durch denselben die Besorgung der Armen neu organisirt hatte, fanden seine Almosen vorzüglich auf diesem Wege ihre Verwendung. Er blieb Vorstand des Vereines bis an sein Ende. Auf die Sammlung eines Vermögens hatte er es nie abgesehen, und was in dieser Hinsicht Pflicht des katholischen Seelsorgers sei, hat er noch im letzten Sommer eben so kräftig als geistreich in einem Aufsatze über die Testamente der Geistlichen ausgesprochen. Seine Handlungsweise war vollkommen übereinstimmend mit den daselbst ausgesprochenen Grundsätzen. Die Mariä-Hilfskirche in der Au ward die Haupterbin seiner Verlassenschaft. Für seine vieljährigen Dienstboten und zwei arme Verwandte sorgte er in entsprechender Weise.

Die Sorge für seine letzten Tage hat der Herr übernommen. Nach einem Krankenbesuche am 1. Mai dieses Jahres traf den edlen Stadtpfarrer ein Schlaganfall. Sogleich ließ er sich mit den heiligen Sterbsakramenten versehen. Nun kamen noch zehn schwere Tage des Leidens für ihn. Er blieb ein Muster der Geduld und Gottergebenheit und erwartete mit aller Ruhe die letzte Stunde. Um sein Testament gegen alle Angriffe zu sichern, ließ er noch einen Notar kommen. Fortwährend blieb er bei klarem Bewußtsein, obgleich seine Zunge schwer geworden. „Sein ganzes Benehmen war ein lautes Zeugniß von der Kraft des Glaubens und Gottvertrauens, das ihn beseelte, und von der Gottes- und Nächstenliebe, die sein Thun und Lassen bestimmte. Er hatte wiederholt mit der hl. Wegzehrung sich gestärkt, als der anbrechende 11. Mai ihm das Todesstündlein brachte, und er im 65. Lebensjahr ganz sanft zur ewigen Ruhe überging."

So verdrüßlich auch manche von seinen frühern Confessionsgenossen über seinen Uebertritt zur katholischen Kirche geworden waren, so konnten sie ihm doch ihre Achtung nie versagen. Alle kannten seine Geradheit und die Aufrichtigkeit seines Strebens. Nie hat es einer gewagt, ihm vorwerfen [S. 106b], er habe, als er jenen so wichtigen Schritt gethan, von irgend einer unedlen Absicht sich leiten lassen. Darum bewahrten sie ihm fortwährend ein freundliches Andenken, so weit auch ihre Ueberzeugung auseinander sein mochte. Einer der ausgezeichnetsten seiner frühern Freunde, der gefeierte protestantische Theologe und Professor Carl Haase in Leipzig, besuchte den Pfarrer in Giesing und in der Au öfters und blieb stets mit ihm in freundschaftlichem Verkehr.

Dieser wußte zu gut, daß der alte Freund, an Talenten und wissenschaftlicher Bildung ihm ebenbürtig, Aehnliches wie er zu leisten vermocht hätte, wenn es ihm um Ehre und Ruhm wäre zu thun gewesen.[12] Allein Herbst wollte für das Volk arbeiten. Das Volk wollte er zum Bewußtsein des großen Heiles und Segens bringen, das ihm in der hl. Kirche auf so mannig faltige Weise angeboten wird. Er wollte es, was vorzüglich durch die Sion angestrebt wurde, warnen und verwahren vor krankhaften Auswüchsen eines unkirchlichen, rationalistischen und pietistischen Wesens und gesundes, kernhaftes, katholisches Leben pflegen. Dazu war er mehr als je ein Anderer der Mann. Er hatte auf dem Wege zur Kirche alle diese Stadien durchlaufen und wußte nun aus eigener Erfahrung, daß ein denkender Geist und ein gesunder Sinn auf diesen Uebergangspunkten nicht stehen bleiben darf. Darum enthalten alle seine Schriften durchweg kerngesunde Nahrung und werden vom katholischen Volke immer mit großem Nutzen und zur Erbauung gelesen werden. Sein Name aber, der 29 Jahre lang denselben guten Klang bewahrt und nur durch sein Amt die einzig rechte Zier erlangt hat und von aller Verunzierung durch Arabesken von Titeln verschont geblieben ist, wird noch lange mit Ehrfurcht genannt werden, wann alle Titel und Orden sammt ihren Trägern werden der Vergessen-

---

[12]Ferdinand Herbst blieb selbstkritisch bescheidener: „Zwei gleich gesinnte Freunde standen mir zur Seite, Jünglinge von größeren Geistesgaben, als ich selbst hatte; die durch ihre Lebhaftigkeit und Genialität mich aus einem gewissen träumerischen Wesen weckten, zu dem ich mich hinneigte, und an meinem Hervortreten „auf den Markt des Lebens" nicht geringen Antheil gewannen." Herbst, Priesterleben, S. 13

heit übergeben sein. Seinen Pfarrkindern war er geistlicher Vater. Als eines solchen werden sie sein Andenken ehren, so lange sie der Kirche, für die er Vater und Mutter und Heimath und Gut zum Opfer gebracht, der er seine herrlichen Gaben und all seine Kräfte geweiht, deren Leiden er so tief empfunden und mitgelitten hat, Treue bewahren werden. Uns Geistlichen aber bleibt er ein Vorbild des reinsten, edelsten, von aller Selbstsucht freien Strebens, der treuesten Anhänglichkeit und Hingabe an die Kirche, der unermüdeten Thätigkeit und des treuesten Ausharrens bis ans Ende, und jeder Wohlgesinnte spricht, wo er des Hinscheidens dieses seligen Mitbruders gedenkt, von ganzem Herzen: „Möge mein Ende sein, wie das Ende dieses treuen Dieners unsers Herrn." Die Schriften, die Herbst als Katholik geschrieben, sind folgende:

1. Die Kirche und ihre Gegner in den letzten 3 Jahrhunderten. Landshut 1833.
2. Antwort auf das Sendschreiben eines Protestanten „über die Kirche und ihre Gegner." Landshut 1833.
3. Die Verdienste der Mauriner um die Wissenschaft. Tübinger Quartalschrift 1833. 1834.
4. Das Priesterthum, 1tes Bändch.: Charitas. Landshut 1834.
5. Die Philosophie und deren Studium. Regensburg 1835.
6. Katholisches Erempelbuch, 1. Aufl. Regensburg 1839. 2. Aufl. 1840. 3. Aufl. 1847.
7. Eine Stimme in der Kirche. Augsburg 1838 bis 1842.
8. Gottesgabe. Eine Sammlung zeitgemäßer Schriften und Berichte für Religion und Kirche. Zwei Jahrgänge, je zu 6 Hef-

ten, Augsburg 1840 bis 1842.

9. Der Rosenkranz nach seinem Ursprung und seiner Bedeutung.

10. Geistliche Schriften. 2 Bändchen. I. Bändchen, Abendstunden. II. Bändchen, Festpredigten. Augsburg 1843.

11. Die Christenlehre in Beispielen. Regensburg 1844.

12. Die christlichen Schulbrüder des Joh. Bapt. de la Salle. Augsburg 1844.

13. Aus dem Leben eines Priesters. Augsburg 1844.

14. Robinson, die Familie Traugott, Isidor Bauer zu Ried, neu herausgegeben. München 1843 bis 1845.

15. Lesebuch für Schule und Haus, München 1850. 2. Aufl. 1853.

16. Katholische Liebe und Treue, christliche Lebensbilder.

17. Ausgewählte Denksprüche Jesu. München 1858.

18. Matthias Claudius, der Wandsbecker Bote.